LECTURE ET RÉCITATION

MAURICE BOUCHOR

CINQ PIÈCES

En un acte

A l'usage des Théâtres d'amateurs, Amicales, Universités populaires, etc.

Simon le Revenant. — La Chasse et la Pêche. — Monsieur Pointu ou le Repos hebdomadaire. — Le Bon Samaritain. — Beauceron, Percheron et Vigneron.

Un vol. in-16, broché, 2 fr. 50 ; relié toile............ 3 fr.

PARTITION

Contenant la musique de scène et de chant, avec accompagnement de piano, pour les **Cinq pièces** :

Un vol. in-8°, broché.......................... 1 fr. 50

MAURICE BOUCHOR

LECTURE ET RÉCITATION

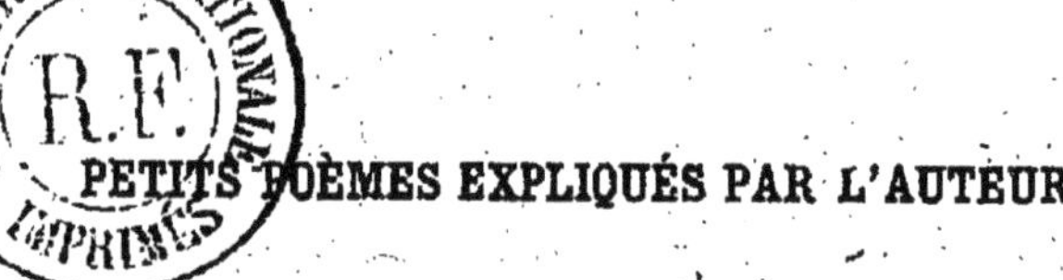

PETITS POÈMES EXPLIQUÉS PAR L'AUTEUR

A L'USAGE DES ÉCOLES

NOUVELLE ÉDITION

REVUE ET MODIFIÉE

PARIS
ÉDOUARD CORNÉLY ET Cie, ÉDITEURS
101, RUE DE VAUGIRARD, 101

1909

AVERTISSEMENT
DE LA NOUVELLE ÉDITION

Le petit livre que voici a été édité pour la première fois, en 1896, par la maison Hachette. L'édition présente, publiée par la librairie Cornély, contient quelques importantes modifications, non pas au texte des poèmes, mais à celui des arguments et des notes.

Voici pourquoi j'ai cru devoir faire ces modifications.

Lorsque j'écrivis mon livre, sans avoir des croyances philosophiques bien arrêtées, j'inclinais fortement vers le spiritualisme, tel à peu près qu'il est encore présenté dans les programmes scolaires, et j'étais porté à croire que l'on s'en passerait difficilement dans l'éducation morale de l'enfance. Pour ce qui concerne les croyances chrétiennes, largement comprises, et les traditions poétiques et touchantes qui s'y rattachent, je ne pensais pas manquer à une neutralité que je souhaitais bienveillante en laissant voir la sympathie qu'elles m'inspiraient, et qui, d'ailleurs, n'impliquait l'adhésion à aucun dogme. Depuis, je me suis aperçu que des croyances ou tendances spiritualistes peuvent nous quitter sans que nous y prenions garde, quand nous sommes fortement engagés dans l'action, et sans que nous nous mettions en peine de les ressaisir. Cette expérience personnelle m'a aidé à comprendre qu'un plus scrupuleux respect de la sincérité du maître et de la liberté de l'élève commande, à l'école publique, la neutralité entre les systèmes philosophiques aussi bien qu'entre les confessions religieuses. Je me suis, de même, rendu compte que mon goût pour les belles légendes pouvait donner lieu, si je n'y prenais garde, à des interprétations inexactes et favoriser, sans que je le voulusse, l'attachement aux croyances confessionnelles. Je n'ai pas conclu de ces observations que l'on dût à jamais biffer le mot Dieu des livres scolaires, fuir toute allusion à des systèmes philosophiques et s'abstenir de conter, à l'occasion, une légende hébraïque ou chrétienne. Il m'a semblé que ce serait faire un silence fâcheux sur une partie très importante de l'histoire de la pensée humaine. Mais je me suis dit qu'il fallait craindre tout ce qui ressemblerait à une affirmation sur des matières infiniment controversables et que, sans manquer de respect à des croyances, à des traditions, à des écrits dont l'humanité a vécu, et à ceux qui en vivent encore, je devais éviter avec soin tout ce qui me donnerait l'apparence de vouloir imposer ou suggérer aux enfants la croyance à tel récit, d'ailleurs utile à connaître, bon à méditer ou ayant un charme poétique. De là des remaniements qui, tout en ne portant que sur un certain nombre de passages dans les arguments et les notes, modifient sensiblement la physionomie du livre.

D'autre part, bien que je n'aie pas cessé de considérer le dévouement à la patrie comme une vertu nécessaire, je peux dire que l'accent de mon patriotisme a changé : je le veux plus grave et plus discret. Je ne peux examiner ici les problèmes de toute sorte que soulève la vie des nations ; mais, pour résumer ma pensée sur un point essentiel, je dirai que la guerre défensive est la seule dont je crois que nous devions enseigner la légitimité, et qu'il faut, selon moi, repousser nettement l'idée de toute autre guerre, fût-elle de revendication, comme celle dont la nécessité paraissait, il y a quelques années, s'imposer à l'opinion française. De là, encore, certaines modifications, explicables après un intervalle de douze années qui a produit bien des événements et suscité bien des réflexions.

Je ne me suis pas interdit de faire, en outre, des corrections de détail, dont il n'y a rien de particulier à dire.

Il va de soi que je ne considère pas mon petit livre comme à l'abri de toute critique parce que je l'ai « revu et corrigé ». Bien au contraire. Les uns me reprocheront d'y avoir laissé ceci ou cela; d'autres, d'y avoir fait telles suppressions ou telles additions. J'ai trop de peine à me contenter moi-même pour avoir l'ambition de contenter tout le monde; et je suis très disposé à croire que les critiques les plus diverses pourront être justifiées, chacune dans son genre ou à son point de vue. Aussi aurais-je pris le parti de laisser ce petit ouvrage tel quel, s'il était fait pour des adultes, capables de comparer les idées successives d'un écrivain et de choisir entre les unes et les autres. Mais, comme, aussitôt après ma préface, je m'adresse à des enfants, je devais essayer de réparer, dans la mesure du possible, les erreurs que je crois avoir commises.

MAURICE BOUCHOR.

Janvier 1909.

PRÉFACE POUR LES MAITRES

Avant de m'adresser aux enfants, comme je le ferai tout à l'heure, qu'il me soit permis d'exposer le plan de ce petit ouvrage aux instituteurs et aux institutrices qui voudraient bien s'y intéresser.

Je ne me dissimule pas l'extrême difficulté de la tâche que j'ai entreprise, après tant d'autres personnes plus expérimentées que moi : écrire pour l'enfance. Je ne me flatte pas que ce mince volume, en particulier, puisse échapper à diverses critiques, probablement fort judicieuses. Je le présente comme un essai.

C'est un livre de lecture et de récitation. Quinze petits poèmes, destinés à être appris par cœur, en sont la partie essentielle. Après avoir indiqué le sujet et l'esprit de ces morceaux, je dirai quelques mots des arguments qui les précèdent et des notes qui les suivent.

On sera peut-être surpris que le sujet de mes deux premiers poèmes soit emprunté à la mythologie grecque. Mais, si l'on veut bien ne pas se laisser effrayer par ce grand mot de « mythologie », on m'accordera, je pense, que des enfants de neuf à treize ans, instruits à l'école primaire, peuvent s'intéresser au récit d'un exploit d'Hercule et d'un prodige accompli par Bacchus. L'exploit est héroïque ; le prodige est amusant.

Parce qu'ils sont venus longtemps avant nous, et par un spécial privilège de leur génie, les Grecs ont su être merveilleusement simples. Or, mes deux petits poèmes sont imités d'Homère et de Théocrite. Homère chantait pour un peuple enfant ; Théocrite, venu beaucoup plus tard, n'a pas une vision moins nette, un style moins limpide.

Le troisième morceau, sur la vaillance de nos ancêtres gaulois, contient quelques traits empruntés à de vieux poèmes celtiques.

C'est ensuite le bon vieillard Tobie donnant des conseils à son fils, qui va entreprendre un long voyage. J'ai suivi d'assez près le texte biblique. Tout inspirées qu'elles sont par la loi religieuse d'un peuple, les exhortations du vieux Tobie formulent nettement les principes les plus élevés de la morale universelle, le devoir de justice et d'humanité dont la révélation la plus certaine nous est donnée par notre conscience.

Voilà donc quatre poèmes qui rappellent d'antiques traditions, restées jeunes en dépit des siècles. C'est une bien petite part, mais c'en est une, faite au souvenir de nos origines.

Il m'a semblé qu'un grand poète des temps modernes, inconnu à nos enfants, pourrait, en se faisant accessible pour eux, leur donner une vive impression de poésie. Je venais de traduire en vers ce qu'il y a de plus chantant, de plus délicat dans l'œuvre de ce poète étranger, que notre poète, à nous, — Victor Hugo, — aima au point de lui consacrer un volume de louange enthousiaste. J'ai donc glissé dans mon petit livre trois chansons de Shakespeare. Deux sont chantées par des génies minuscules ou de gentilles fées, qui peuvent nous faire mieux sentir le charme profond de la Nature, en nous entraînant vers les sous-bois les plus impénétrables, où le frais calice des fleurs est leur domicile préféré. La troisième chanson est une joviale peinture de vie campagnarde.

La part de mon travail personnel est un peu plus grande dans le reste du volume ; mais je n'y suis pas sans guide et sans soutien.

Pour trois poèmes seulement (*l'Étoile du Soir*, *Petites filles*, *l'Oiseau*), la conception est mienne comme la mise en œuvre. Ils disent les joies honnêtes de la famille et le recueillement de la pensée aux heures sereines du soir ; le devoir de bonté, de douceur, de dévouement, qui incombe à la femme, et dont la petite fille commence le difficile apprentissage ; l'obligation de combattre l'égoïsme enfantin, — l'égoïsme humain, — souvent cruel dans son inconscience, et dont la défaite peut seule nous procurer une joie véritable : celle des affections pures et désintéressées.

Trois autres poèmes se rattachent à la tradition populaire de notre pays.

C'est un trésor bien précieux que ces vieilles chansons dont nous ne savons ni les dates ni les auteurs, et qui, pendant des siècles, furent presque toute la littérature du peuple. S'il ne les a pas composées, il les a retenues, aimées, refaites, modifiées d'âge en âge, transmises de bouche en bouche. L'âme de la vieille France y palpite encore. Je pense qu'il est bon de nous en inspirer souvent, afin de rester fidèles au génie national. Faites pour des esprits peu raffinés, pour des cœurs simples, elles iraient droit à l'esprit et au cœur de l'enfance.

Elles ne peuvent guère, il est vrai, entrer telles quelles à l'école, ne fût-ce que pour leurs incorrections. Mais je ne crois pas me tromper en les désignant comme une des sources où devront puiser ceux qui tenteront de renouveler notre poésie scolaire et populaire.

J'assemble à dessein ces deux mots. Certaines choses ne sont faites que pour des hommes, d'autres conviennent mieux à des enfants; mais la puérilité est un grand écueil de la littérature scolaire. La préoccupation de ne présenter à l'enfant que des spectacles pris dans le cercle étroit de sa vie actuelle; la crainte excessive d'ouvrir son cœur à l'émotion sérieuse et profonde; le préjugé suivant lequel tout ce qui est très élevé, très humain, très poétique, dépasserait nécessairement sa portée ; la suppression de tout ce qui élargirait l'esprit par la connaissance du passé, sans exiger autre chose qu'une explication bien faite, mais très simple : voilà de graves obstacles à la création d'une littérature vraiment éducative.

La critique est aisée, je le sais, et l'art difficile; mais qu'il me soit permis d'exprimer toute ma pensée. J'ai la conviction qu'un poème ou un morceau de prose, écrits pour des enfants avec toute l'honnêteté et toute la simplicité désirables, n'aura de réelle action sur eux que si des hommes faits peuvent s'y intéresser, en dehors de toute complaisance paternelle.

Il est temps de revenir au petit essai que je présente.

Une de nos chansons populaires, écrite en patois poitevin, est une curieuse réminiscence de l'antique doctrine appelée métempsycose. Je n'ai pas, croyez-le bien, l'intention de propager cette doctrine. Je ne m'oppose pas à ce qu'une âme revête tour à tour une forme de pierre, de plante, d'animal, d'homme ou de femme; mais je déclare en toute humilité que j'ignore s'il peut en être ainsi. Il m'a paru seulement que la chanson me fournissait le prétexte d'une leçon poétique et familière sur le sentiment de large bienveillance que nous devons à tous les êtres et à toutes les choses qui nous entourent.

J'ai suivi de plus près une autre chanson populaire, très répandue dans nos provinces. *La Mort de l'âne* est l'oraison funèbre, tout ensemble attendrie et un peu comique, d'un bon serviteur du paysan.

Le sujet d'un troisième récit : *le Retour du soldat*, appelait l'expression de sentiments très simples, mais très forts. Après une longue absence, après bien des misères, un soldat revient au village, et la grande joie lui est donnée de retrouver en vie son vieux père et sa vieille mère.

Si mince qu'il soit, ce livre devait contenir, sous peine de grave lacune, quelques paroles à la gloire d'une patrie qui ne sera jamais trop aimée, pourvu qu'elle le soit sans fanatisme et sans étroitesse. L'histoire de la Révolution française, si féconde en magnifiques leçons, m'a fourni le sujet de mes deux derniers poèmes. L'exemple d'un vieillard et d'un enfant y montre ce qu'est le dévouement à la patrie.

Depuis les jours glorieux de la Révolution, nous ne pouvons, sans nous renier nous-mêmes, séparer dans notre culte la France et la République. Nous devons aimer notre patrie, non seulement pour ce qu'elle nous a donné, à nous, ses enfants, mais aussi pour ce qu'elle a proclamé, accompli ou préparé en faveur de tous les hommes. La passion que nous avons pour elle, loin de rétrécir notre cœur, doit l'élargir, au contraire ; et le cri par lequel nous saluons sa liberté, le cri de Barra mourant, doit résumer notre foi dans un avenir de paix durable entre les peuples, aussi bien que de fraternelle justice pour tous les hommes.

Tels sont les petits poèmes que je me permets d'offrir aux écoles primaires. Tous peuvent être compris, je crois, par des élèves du cours supérieur ou du cours moyen. Le maître ou la maîtresse discernera sans peine les morceaux qui conviennent plus particulièrement aux filles ou aux garçons ; mais, sauf le poème intitulé : *Petites filles*, tous pourront être récités dans les écoles des deux sexes.

Il me reste à parler des *arguments* et des *notes*.

Tous les poèmes ont été expliqués par moi et récités par des enfants dans plusieurs écoles primaires de garçons et de filles, à Paris et à la campagne. Ils y ont été l'objet d'interrogations, selon la méthode usuelle qui permet de s'assurer si les enfants ont bien compris le texte.

Les arguments sont la transcription, un peu moins familière, de mes leçons orales, qui *précédaient* toujours la lecture à haute voix de tel ou tel poème. Je cherchais, en les faisant, à mettre mes petits auditeurs dans l'atmosphère du sujet, de façon que leur esprit pût ensuite s'y mouvoir à l'aise et s'y sentir chez lui. J'évitais tout ce qui eût ressemblé à une explication en règle. Je soulevais, l'un après l'autre, en causant, ces voiles plus ou moins légers qui plaisent à la poésie et qui en augmentent l'attrait, mais qui peuvent dérober à une jeune intelligence, à un jeune cœur, quelque chose de la pensée ou du sentiment.

Le maître pourra adopter l'un ou l'autre des procédés suivants, tantôt le premier, tantôt le second, ou les combiner de la façon qui lui semblera la plus judicieuse :

1° Faire lire à haute voix, en classe, l'argument par des élèves ;

2° Lire l'argument avant la classe, et faire ensuite une leçon orale sur le même sujet.

La leçon terminée, je lisais de mon mieux le poème ; puis je le faisais lire par un enfant, toujours à haute voix, mais après lui avoir laissé tout le temps de le lire des yeux. Je rectifiais sa diction avec soin. Ensuite, j'interrogeais un assez grand nombre d'élèves sur tous les passages un peu difficiles. Les notes contiennent quelques-unes des réponses que je m'efforçais de suggérer aux enfants, tout en les laissant expliquer les choses à leur façon.

Il n'a été inséré dans ce livre qu'un très petit nombre de notes relatives au sens des mots. J'ai voulu seulement, par quelques exemples, montrer comment je comprends ce genre d'explication. Toutes les autres notes ont pour objet d'achever le commentaire historique, moral ou poétique des textes.

Au cours de ses interrogations, le maître se servira des unes et des autres comme il lui plaira.

Arguments et notes ont été rédigés de façon à présenter peu de difficultés aux enfants et, autant que possible, à les intéresser, parfois même à les amuser. Je ne m'y suis pourtant par interdit un certain nombre de mots que beaucoup d'enfants peuvent ignorer, mais qu'il sera utile et facile de leur expliquer. Enrichir le vocabulaire si restreint de ses élèves ne doit-il pas être une constante préoccupation pour le maître ? Il importe seulement d'éviter les mots dont l'explication dépasserait la portée de l'enfant.

En résumé, la collaboration de l'instituteur ou de l'institutrice est indispensable pour que ce petit livre donne quelques bons résultats.

On le trouvera peut-être mal conçu ou mal exécuté. Prêt à m'incliner devant l'expérience, je ne me découragerais point pour cela. Je tâcherais de faire mieux.

1896.

LECTURE ET RÉCITATION

I

LE LION DE NÉMÉE

ARGUMENT

Hercule va nous conter lui-même un des plus beaux exploits de sa jeunesse.

Vous avez entendu parler d'Hercule. Selon la croyance des anciens Grecs, c'était un héros qui rendit aux hommes d'éclatants services, et qui, après bien des fatigues et des peines, après une cruelle mort, s'éleva jusqu'au palais des dieux immortels, pour y partager à jamais leur félicité. Car les anciens croyaient le monde gouverné par des êtres puissants, qui menaient, disait-on, une vie joyeuse dans les hauteurs du ciel, mangeant une exquise nourriture appelée ambroisie, buvant le nectar dans des coupes d'or, et prêtant l'oreille aux chansons des Muses, belles et savantes jeunes filles que le dieu Apollon dirigeait en les accompagnant sur sa lyre.

Ce sont là, me direz-vous, de vieilles fables. Je ne prétends pas le contraire. Mais les vieilles fables contiennent plus de vérité que l'on ne s'imagine. Hercule a lutté toute sa vie contre des monstres, des tyrans, des éléments déchaînés ; il a rendu la terre plus habitable, la vie meilleure aux hommes. Voilà ce que l'on raconte. A son exemple, il faut essayer d'être utiles à nos semblables, il faut prendre toujours la défense de la justice, du faible opprimé. Si nous n'obtenons pas, comme Hercule, de vivre dans un monde plus heureux, nous aurons, en tout cas, rendu meilleur celui où nous vivons.

Némée était une ville de Grèce, où, pendant longtemps, on célébra des jeux qui attiraient un très grand nombre de spectateurs. Il y avait là des courses à pied, à cheval, en char ; des luttes ; des concours de musique. Ces jeux avaient été institués, disait-on, en souvenir de l'exploit accompli par Hercule dans le voisinage de la ville.

Le lion qu'il combattit n'était pas un animal ordinaire. Sa taille et sa force faisaient de lui un monstre. Il était la terreur des bergers. La nuit, il bondissait à l'improviste dans leur enclos, faisait grand carnage de brebis et n'épargnait pas toujours les hommes.

Voulant éprouver la patience d'Hercule, aussi bien que son courage, les dieux l'avaient soumis, pour de longues années, à un maître envieux et cruel. C'était un certain Eurysthée. Quelle souffrance, pour Hercule, d'obéir à un pareil homme ! Mais à quelque chose malheur est bon. Eurysthée, souhaitant la mort du héros, lui confiait les tâches les plus périlleuses. Le jeune homme trouvait toujours le moyen de s'en acquitter ; et il revenait, à chaque fois, ayant accompli une action utile et glorieuse.

Hercule eut donc à combattre le lion de Némée. Il l'attaqua à coups de flèches. Mais le cuir du monstre était si dur que les traits les plus aigus n'y pénétraient point. La bête croyait sentir la piqûre des moucherons ; et, au moindre de ses mouvements, les flèches tombaient sur le sol, sans même être rougies de sang. Enfin, le lion daigna lever la tête vers son agresseur ; et, l'ayant aperçu, il s'élança sur lui. Hercule tenait à la main une grosse massue, qui lui avait déjà rendu bien des services. Comme vous le verrez, il en porta un rude coup à son adversaire ; mais ce fut encore insuffisant pour l'abattre. Il ne triompha qu'après une lutte corps à corps, et en étouffant le monstre dans ses bras.

Jamais il ne s'était mesuré avec un adversaire aussi redoutable. Fier de sa victoire, il dépeça la bête. Puis, ayant posé la terrible gueule sur son front, comme une sorte de casque, il laissa flotter sur ses épaules le reste de la peau, assez large pour couvrir tout son corps.

L'exploit accompli par Hercule a quelque chose de surhumain ; et pourtant chacun de vous peut se montrer aussi brave que ce héros. Exposer sa vie pour abattre un chien enragé, pour sauver une personne du feu ou de l'eau, c'est faire preuve d'une âme héroïque.

Vous verrez, un jour ou l'autre, la statue d'Hercule dans un musée ou dans un jardin. Vous reconnaîtrez le héros à ses cheveux courts et frisés sur un front assez bas, à son cou puissant, à sa large poitrine, à ses bras et à ses jambes vigoureusement musclés. Hercule, c'est la Force vivante. Vous remarquerez aussi qu'on le représente presque toujours vêtu d'une peau de lion, et tenant à la main une massue noueuse. C'est le tronc d'olivier dont il se servit pour asséner un coup formidable au lion de Némée.

LE LION DE NÉMÉE

Pour assaillir le monstre, effroi de nos pasteurs,
Il me fut ordonné de gravir les hauteurs,
Et j'obéis sans crainte à mon maître Eurysthée.
J'allai sur la montagne, où la bête indomptée
Léchait avec lenteur son mufle teint de sang.
Je l'accablai de traits; mais le cuir de son flanc
Restait impénétrable. Or, relevant la tête,
Le lion m'aperçut; et la puissante bête
Courba comme un grand arc l'épine de son dos,
Puis bondit jusqu'à moi. J'eus le cœur d'un héros.
D'un massif olivier couvert de son écorce
Je frappai le lion, sur le crâne, avec force.
Il se dressa, pourtant. De mes muscles d'acier,
Moi, j'étreignis alors le monstre carnassier,
Dont le sang ruisselait par torrents écarlates.
Je lui serrai la gorge en écrasant ses pattes
Et l'énorme lion ne râla qu'un moment.

Ah! certes, je criai de joie, éperdument,
Lorsqu'à mes pieds roula cette bête étouffée !
« Je veux faire de toi, lui dis-je, un beau trophée. »
Puis j'arrachai sa peau ; j'en couvris tout mon corps,
Pour tenir désormais ma place entre les forts ;
Et sur mes blonds cheveux, en signe de victoire,
J'étalai fièrement la gueule aux crocs d'ivoire.

NOTES

Léchait avec lenteur son mufle teint de sang. Vous avez vu, n'est-ce pas ? un chat faire sa toilette. Avec quel soin il lèche, de sa langue râpeuse, son museau, ses pattes et le reste de son corps ! Le lion n'est pas moins propre ; et c'est tout naturel, puisque, comme le tigre, la panthère, le léopard, il appartient à la race féline, dont le chat est aussi un représentant. Notre lion enlève donc avec sa langue les traces de sang que lui a laissées un récent carnage.

Mufle. C'est la membrane qui termine le museau de certains quadrupèdes. On dit un mufle de lion, un mufle de taureau. Vous connaissez sans doute une fleur que l'on nomme *gueule de lion* ou *gueule de loup*, et vous avez dû vous amuser à l'ouvrir en pressant avec vos doigts la partie voisine de la tige. La plante qui produit cette fleur s'appelle *muflier*, parce qu'elle donne de jolis petits *mufles* rouges, blancs ou jaunes, ayant à peu près la forme d'un mufle de lion.

Courba comme un grand arc l'épine de son dos. Ici encore le lion se comporte comme un chat. Il fait le gros dos, ramassé sur lui-même et prêt à bondir. C'est ainsi qu'un ressort se détend avec une force d'autant plus grande qu'il a été comprimé davantage.

J'eus le cœur d'un héros. Vous penserez peut-être que notre ami Hercule n'est pas très modeste ; mais ne vous hâtez pas de le blâmer. Il dit naïvement les choses comme il les pense ; et l'on ne peut nier que l'éloge soit bien mérité. Le monstre vient de s'élancer avec une violence terrible : si l'homme manque de sang-froid, de coup d'œil, de force, il est perdu. Hercule me paraît presque modeste en se comparant à un héros, lui qui en est un, et comme il y en a peu.

Il se dressa, pourtant. Une blessure abat le courage des faibles ; elle exalte celui des vaillants. Bien que notre lion ait le crâne fracassé, il trouve la force de se dresser sur ses pattes de derrière. Hercule, trop près de lui pour le frapper de nouveau, n'a que la ressource de l'étouffer dans ses bras.

Le poème que vous venez de lire, comme plusieurs autres de cet ouvrage, est écrit en vers de douze syllabes. On marque souvent un petit repos au milieu de ces grands vers ; mais il ne doit pas toujours en être ainsi. Quelquefois le sens ne permet pas de s'arrêter après la sixième syllabe. Par exemple, il ne faudra pas dire :

Lorsqu'à mes pieds roula... cette bête étouffée.

Ce vers doit être récité sans interruption, à moins que l'on ne marque un très léger temps d'arrêt à l'endroit où je mets une barre verticale :

Lorsqu'à mes pieds | roula cette bête étouffée.

II

PUISSANCE DE BACCHUS

ARGUMENT

Comme Hercule, Bacchus avait été un homme avant de devenir un dieu. C'est, du moins, ce que croyaient les Grecs de l'antiquité. On aimait à raconter les exploits de ce héros. Ils semblaient d'autant plus merveilleux que l'on ne se figurait point Bacchus comme un homme d'aspect robuste, aux larges épaules, aux muscles puissants ; mais tout jeune encore, souriant, gracieux, ayant de beaux yeux noirs très doux, qui faisaient un charmant contraste avec les boucles blondes de sa chevelure.

Bacchus venait à peine de naître lorsque Sémélé, sa mère, expira. Une déesse orgueilleuse et irritable (les divinités, suivant la croyance des anciens, avaient parfois de très mauvais sentiments), une déesse jalouse de Sémélé, qui était une fort belle princesse, fut cause de sa mort. Elle voulut même faire périr le petit enfant et elle ordonna que personne ne s'occupât de lui. Il pleurait et gémissait sans nourriture, sans abri, sans vêtement, sur les marches du palais où habitait le roi, son grand-père ; et les brûlants rayons du soleil, frappant son petit crâne encore chauve, allaient le tuer, lorsque, tout à coup, un lierre au feuillage épais vint de lui-même s'enrouler autour des colonnes qui soutenaient la façade du palais.

L'enfant cessa de pleurer. Un dieu bon, à coup sûr, le protégeait. Peu de temps après, il fut enlevé, on ne sait par qui, et transporté dans les montagnes, où il eut pour le soigner les aimables divinités des eaux et des bois, que les Grecs appelaient des Nymphes. Une chèvre noire fut sa nourrice. Elle l'aimait autant que s'il eût été son petit ; et il se roulait dans l'herbe, riant et jouant avec les chevreaux. Un dieu bizarre, nommé Pan, qui avait de petites cornes au front, un corps d'homme et des pieds de bouc, lui apprit à jouer de la flûte. C'est ainsi que l'enfant grandit en liberté, agile et fort, malgré son apparence un peu frêle, s'amusant de la moindre chose et toujours en belle humeur.

Lorsqu'il fut parvenu à l'âge d'homme, il devint, comme Hercule, le bienfaiteur de ses semblables, mais d'une tout autre manière. Il découvrit une plante précieuse et sut en extraire un breuvage d'une belle couleur pourpre ou dorée, délicieux au goût, fortifiant, et qui, dans les repas, mettait la joie au cœur des convives, pourvu qu'ils en prissent avec modération.

Vous avez deviné que cette plante s'appelle la vigne et que ce breuvage est le vin. Beaucoup de gens en abusent ; alors il leur fait grand mal. Mais ce n'est point la faute de Bacchus.

Le jeune homme entreprit de grands voyages, dans un char traîné par des panthères ; car il savait adoucir l'humeur des bêtes les plus féroces. Il était suivi par un immense cortège de divinités champêtres, que charmaient sa grâce et sa gaieté. Il soumettait sans peine à son empire tous les peuples dont il traversait le pays. Mais, après leur avoir enseigné l'art de cultiver la vigne et de faire le vin, il ne tardait pas à s'éloigner, leur permettant de se gouverner comme ils l'entendraient. On assure qu'il s'en alla ainsi jusque dans l'Inde, au bruit des cithares, des flûtes, des tambours et des cymbales.

Il se reposait parfois de tout ce tapage en respirant, seul, l'air vif de la mer. Il montait sur un cap élevé, d'où il dominait les eaux de la Méditerranée, claires et bleues comme la pierre appelée saphir, et toutes parsemées de ces îles riantes où croissent le laurier-rose, le myrte et l'olivier.

Un jour, il goûtait ainsi le charme de la solitude, jouissant à la fois d'une brise rafraîchissante et de la pure lumière qui brillait au ciel et sur les flots. De blanches mouettes volaient au-dessus de la mer.

Or, quelques mauvais drôles avaient amarré leur barque à un rocher de la côte. C'étaient des pirates. Ils cherchaient toutes les occasions d'enlever les femmes et les enfants, parfois même les hommes, pour s'en aller, en d'autres lieux, les vendre comme esclaves. Ils aperçurent Bacchus debout sur le promontoire. « Emparons-nous, dirent-ils, de ce jeune homme, et nous en tirerons un bon prix. »

Les voilà qui montent lestement jusqu'en haut de la falaise. « Allons, suis-nous ! » Interpellé de cette façon brutale, Bacchus tressaille et se retourne. Ignorant qu'ils ont affaire à un être divin, les pirates osent porter la main sur lui. Le jeune homme fait mine de leur résister ; mais, raillant son apparente faiblesse, ils l'entraînent par les épaules.

Vous pensez bien que, si Bacchus l'avait voulu, il les aurait tous envoyés rouler au bas de la falaise ; mais il jugea utile de leur infliger une meilleure leçon. Il se laissa donc lier les mains, et on le fit asseoir à l'avant du bateau.

Une brise favorable s'étant levée, les voleurs fixèrent le mât dans la barque et y attachèrent de grandes voiles. « Nous ramerons tout de même pour aller plus vite, se dirent-ils, et dans trois heures nous serons arrivés au port où nous vendrons ce beau gaillard. »

Bacchus attendit qu'on fût en pleine mer, non point pour se venger, car il était bon, mais pour châtier les pirates de leurs mauvaises actions. Vous verrez qu'il le fit avec esprit et sans nulle cruauté.

Tout d'un coup, voilà ses liens qui tombent. Ah ! les pauvres gens qui croyaient l'attacher ! Quand le vin nouveau pétille avec force, allez donc le garder dans une bouteille ! Il fera sauter en l'air son bouchon, malgré la ficelle qui le retient. Garrotter Bacchus était encore plus inutile.

D'abord, il voulut effrayer les pillards ; et, pour cela, il fit un charmant prodige. Soudain, ils respirèrent une bonne odeur de vin vieux. Ils entendirent un doux murmure, un joli glouglou pareil au bruit d'un liquide que l'on verse peu à peu. Puis les eaux bleues devinrent toutes rouges. Un flot de vin se répandit à la surface et alla éclabousser les rameurs.

Vous me direz que tout cela n'était pas bien effrayant. Les pirates, en effet, voulurent s'en amuser. Mais tout ce qui est extraordinaire donne de l'inquiétude aux méchants. Aussi furent-ils terrifiés lorsqu'une vigne chargée de fruits, venant on ne sait d'où, se mit à grimper autour du mât.

Bacchus, en même temps, se lève. Son visage resplendit d'une lumière si vive que les voleurs ne peuvent en soutenir l'éclat. De sa main droite, il leur montre la mer ; et, ne sachant plus ce qu'ils font, tous à la fois s'y précipitent. A peine ont-ils plongé sous les flots qu'ils perdent leur forme humaine ; ils sont changés en dauphins.

Ces animaux vont par troupes, et souvent ils bondissent autour des navires. Ils s'amusent à lutter de vitesse. On les voit aussi jeter en l'air, à une grande hauteur, de l'eau dont ils ont rempli leur gueule. Nos pirates, devenus dauphins, ne manquèrent pas de faire toutes ces gentillesses. Bacchus pensa qu'ils étaient assez punis, puisqu'ils cessaient d'être des hommes ; et il rit de bon cœur en regardant leurs jets d'eau étinceler au soleil.

Maintenant, chers amis, il y a une petite leçon à tirer de cette histoire. Bacchus est aussi redoutable que bienfaisant. Si vous abusez de ses dons, — si vous buvez trop, — le jeune dieu pourra bien vous changer en bêtes : en bêtes moins propres que le dauphin. Vous savez ce que je veux dire.

PUISSANCE DE BACCHUS

Je chanterai Bacchus, clément dans la victoire.
Un jour, il contemplait sur un haut promontoire
Les îles de la Grèce et le saphir des eaux,
Où tournoyait un vol d'étincelants oiseaux.
Dans cette lumineuse et fraîche solitude,
Des hommes, tout à coup, surgissent : leur voix rude
Fait tressaillir le dieu. Puis de brutales mains
S'emparent de son corps ; des rires inhumains
Retentissent. Chacun s'applaudit de la proie ;
Et, courant au rivage avec des cris de joie,
On entraîne Bacchus dans la barque aux flancs creux.
Les pirates, voyant que la brise est pour eux,
Dressent le mât : le vent gonfle aussitôt leurs toiles,
Et la rame, au soleil, fait jaillir des étoiles.

Mais, de ses beaux yeux noirs, sourit le jeune dieu.
Ses liens, brusquement, tombent. Le golfe bleu
Se remplit de parfums et de légers murmures.
Comme si le pressoir broyait des grappes mûres,
Un flot de pourpre, avec de joyeuses rumeurs,
Environne la barque et mouille les rameurs.
Autour du mât s'enroule une admirable vigne...
Les pillards ont tremblé. Bacchus leur fait un signe.
Troublés par la splendeur de ses regards divins,
Ils sautent de la barque ; et, changés en dauphins,
Sitôt qu'ils ont plongé sous les vagues marines,
Voilà qu'ils jettent l'eau par leurs larges narines ;
Ils se donnent la chasse avec des bonds joyeux
Et font rire aux éclats Bacchus victorieux.

NOTES

Je chanterai Bacchus. Autrefois, on chantait toujours les vers. Il n'en est pas de même aujourd'hui; tantôt l'on chante et tantôt l'on récite. Mais il y a dans les vers, même récités, une sorte de musique. La poésie doit charmer l'oreille en même temps que toucher le cœur ou plaire à l'imagination.

Un vol d'étincelants oiseaux. Le mot *vol*, en général, signifie : action de voler. Par exemple, on dira : *Le vol de l'hirondelle est extrêmement rapide ; le vol de l'aigle s'élève très haut.* Mais ce mot peut signifier aussi : une troupe d'oiseaux volant ensemble. Par exemple : *J'ai vu passer un vol de canards sauvages; un vol de mouettes tournoie sur la mer.*

La brise est pour eux. Elle souffle dans le sens où ils veulent aller.

La rame fait jaillir des étoiles. Vous avez bien compris, n'est-ce pas ? que ces étoiles sont des gouttes d'eau étincelant au soleil.

Le jeune dieu sourit de ses beaux yeux noirs. Lorsqu'il vous vient une pensée qui vous amuse, mais pas assez pour vous faire éclater de rire, vous souriez. Une maman sourit en regardant son bébé, parce qu'elle le trouve gentil. Au moment de sourire, les yeux ont quelque chose de gai, de vif et de brillant, et les coins de la bouche se relèvent un peu. Bacchus ne veut pas encore montrer aux pirates qu'il va leur jouer un bon tour; il ne sourit pas tout à fait. Mais, comme une pensée amusante lui traverse l'esprit, il y a dans son regard une espèce de sourire.

Dauphins. Bien que ces animaux vivent dans la mer, ce ne sont pas des poissons. Chaque petit poisson sort d'un œuf, et, une fois formé, cherche sa vie tout seul. Au contraire, la baleine, le phoque, le dauphin, sont des mammifères, c'est-à-dire que les femelles donnent à téter à leurs petits. J'aimerais bien voir un gentil baleineau téter sa grosse maman.

Ils jettent l'eau par leurs larges narines. Les fontaines sont parfois ornées de dauphins en bronze ou en pierre, qui jettent l'eau de cette façon. Mais les dauphins vivants ne se comportent pas tout à fait de la même manière. Ils jettent l'eau par des ouvertures qu'ils ont sur la tête, et qu'on appelle des *vents.*

III

VAILLANCE DES GAULOIS

ARGUMENT

Les Gaulois, nos ancêtres, mettaient le courage au-dessus de toute autre vertu. Ils n'avaient pas tort. C'est le courage qui fait l'homme.

Peut-être aurait-il mieux valu qu'ils fussent plus modestes. Ils disaient : « Nous ne craignons qu'une chose : c'est que le ciel ne tombe sur nous. » D'autres ajoutaient : « Si le ciel tombe sur nous, nous le retiendrons au bout de nos piques. »

Je connais des petits garçons qui ne craignent rien, disent-ils, et qui parlent à peu près comme les Gaulois. C'est que les Gaulois étaient de grands enfants. Mais ces enfants-là étaient vraiment très braves, et, sur ce point, il faut leur ressembler.

Ce n'est pas une raison pour se plaire aux batailles, au sang versé, et pour souhaiter le déchaînement de cet épouvantable fléau qu'on appelle la guerre. Il y a, dans la paix, bien des façons de montrer son courage, quand on en a ; et puis nous ne vivons pas, comme les Gaulois, à une époque barbare : nous devons nous conduire en hommes civilisés. Sachons prendre à nos aïeux ce qu'ils eurent de bon, en laissant ce qui pouvait s'y mêler de brutal et de sauvage.

Ils avaient l'humeur aventureuse. Ils passèrent les Alpes et les Pyrénées ; ils allèrent en Grèce et en Asie Mineure. Ils entreprenaient ces lointaines expéditions pour faire du butin, pour exercer leur courage, et aussi pour voir du pays, car leur curiosité était très vive.

Lorsqu'une tribu gauloise, conduite par ses chefs, traversait un pays, on l'eût regardée avec admiration, si elle eût inspiré moins de terreur. Les Gaulois étaient grands et blonds ; ils avaient des yeux clairs et une peau très blanche. Pour montrer qu'ils craignaient peu les blessures, ils exposaient souvent leur poitrine nue aux coups de l'ennemi. Ils agitaient leur chevelure comme une crinière de lion, et leur longue moustache donnait à leur visage un aspect farouche. Beaucoup d'entre eux se teignaient les cheveux en rouge, soit parce qu'ils aimaient cette couleur, soit pour se rendre plus effrayants.

Leurs casques de bronze étaient surmontés de grandes cornes ou de larges ailes. Les chefs portaient des colliers d'or.

Le voyez-vous passer, ce flot d'hommes? Les yeux étincellent ; les armes resplendissent ; on dirait un torrent de chair humaine, de métal et de lumière, qui bondit à travers les plaines.

La bataille enivrait les Gaulois. Le blessé marchait toujours, il marchait dans son propre sang, pour combattre encore. L'homme frappé mortellement rassemblait ses forces et poussait un dernier cri de guerre avant d'expirer. Avec quelle ardeur les survivants devaient se ruer sur l'ennemi, lorsque les mourants eux-mêmes leur criaient : « En avant ! »

Mourir de vieillesse, pour nos ancêtres, n'était pas une chose enviable. Mais tomber, robuste encore, dans le combat après avoir accompli des exploits héroïques, telle était, à leurs yeux, la fin la plus belle et la meilleure. Chacun disait : « Un jour ou l'autre, l'Épée me tuera. Un peu plus tôt, un peu plus tard, qu'importe ? »

L'Épée était pour eux quelque chose de vivant. Ils se la figuraient comme une jeune guerrière, volant dans les batailles au-dessus des hommes, frappant celui-ci, épargnant celui-là, les excitant tous à combattre et à vaincre.

Les Gaulois étaient convaincus qu'après leur mort ils revivraient en des îles lointaines, situées vers l'Occident, et cette persuasion contribuait à exalter en eux le mépris de la mort, bien qu'ils ne fussent nullement dégoûtés de vivre. Leur croyance à la vie future était si forte qu'ils se prêtaient de l'argent remboursable dans l'autre monde. Ils se représentaient le pays des morts, redevenus vivants, comme un séjour très agréable. Ils pensaient y retrouver tout ce qui leur plaisait : des batailles interminables, mais où personne ne mourrait, à moins que ce ne fût pour ressusciter et pour combattre de plus belle ; des chasses, des chiens, des chevaux ; des étoffes aux couleurs éclatantes ; des sangliers rôtis à la broche ; des pommiers chargés de fruits ; des ruisseaux de lait, de vin et d'hydromel ; d'excellente bière qui tomberait en pluie, et que l'on boirait, comme autrefois, dans de grandes cornes de buffles.

Vous voyez qu'ils ne se faisaient pas de la vie future une idée très noble ; mais, du moins, ils espéraient revivre un jour, et cette pensée exaltait leur courage. Ce qui vaut mieux encore, c'est d'être brave et bon sans savoir si l'on en sera récompensé.

Hors de la bataille, les Gaulois étaient, en général, d'humeur sociable et joyeuse. Ils interrogeaient les étrangers sur les pays lointains ; ils causaient entre eux avec vivacité ; ils trouvaient grand plaisir à écouter une histoire, ou une chanson accompagnée sur la harpe. La douce influence de la musique apaisait les disputes qui, trop souvent, menaçaient de s'élever entre eux.

On appelait « bardes » ceux qui chantaient, jouaient de la harpe et savaient de belles histoires.

Un vieux barde d'autrefois va revenir en ce monde, tout exprès pour vous dire, à sa façon, combien ses compagnons furent vaillants.

VAILLANCE DES GAULOIS

Les Celtes chevelus, les guerriers de ma race,
Vont s'offrir aux baisers du glaive, sans cuirasse ;
Ils marchent dans leur sang, dans leur beau sang vermeil.
Qu'ils sont fiers et joyeux, secouant au soleil
Leurs cheveux teints de pourpre ou leur crinière blonde !
Ils brandissent la pique et font siffler la fronde.
En les voyant paraître, on fuit épouvanté :

C'est un fleuve de chair, d'airain, d'or, de clarté,
Débordant sur le monde. Armée ou ville forte,
Tout cède au magnifique élan qui les emporte.
Ils reviennent chargés d'un immense butin.
Puis, après le partage et le bruyant festin,
Ces hommes, dont mes chants apaisent les colères,
Écoutent retentir ma harpe aux cordes claires :
Car ils aiment la vie en méprisant la mort.
Sur eux plane l'Épée : un jour, tel est leur sort,
Ils seront abattus par cette vierge ailée.
Qu'importe que ce soit demain? Dans la mêlée,
A l'heure de mourir, leur défaillante voix
Lance le cri de guerre une dernière fois!

Si quelque chef est mort, sa veuve aura des larmes.
Nous, sans nous lamenter, couchons-le tout en armes.
La pique sur l'épaule, il paraît endormi ;
Son visage est tourné, calme, vers l'ennemi.
Mais l'âme va s'enfuir sur les houles sauvages
Pour aborder enfin aux lumineux rivages,
Aux îles de bonheur, vers l'Occident, là-bas !
Elle y retrouvera des jeux et des combats,
De vieux bardes savants à conter une histoire,
Des manteaux d'écarlate et des cornes à boire...

Laissons partir les morts. Ce qu'ils furent jadis,
Nous le sommes; et tels seront un jour nos fils ;
Car tout ce que peut craindre un libre enfant des Gaules,
C'est que le vaste ciel croule sur ses épaules.

NOTES

Les Celtes chevelus. Les Gaulois appartenaient à la famille des Celtes, qui peuplèrent notre pays, la Grande-Bretagne et l'Irlande.

Aux baisers du glaive... Voilà, direz-vous, des caresses peu agréables ! Le baiser du glaive déchire la peau, troue la chair et fait jaillir le sang. Mais, dans l'ivresse de la bataille, on ne sent pas la douleur. Lorsqu'il voyait son sang ruisseler, le Gaulois éprouvait une joie sauvage : il était fier de ses blessures.

Ma harpe aux cordes claires. C'est-à-dire : Ma harpe dont les cordes rendent un son clair, clair comme le son du cristal, le chant des oiseaux ou une jolie voix d'enfant.

Si quelque chef est mort... On plaçait le cadavre sur un bûcher avec ses armes, ses bijoux, ses vêtements ; puis on brûlait le tout. On tournait vers l'ennemi le visage du chef, pour montrer que, pendant sa vie, il n'avait jamais eu peur.

Laissons partir les morts. Cela signifie : Ne perdons pas notre temps à regretter le passé. Soyons aussi braves que nos ancêtres ; et puissent nos enfants l'être encore plus que nous !

POUR LES PETITES FILLES

Mesdemoiselles, si vous étudiez le poème intitulé : *Vaillance des Gaulois*, vos maîtresses vous diront, mieux que je ne saurais le faire, combien le courage est nécessaire à chacun de nous, aux femmes comme aux hommes, aux filles comme aux garçons. Il y a pourtant des différences. Il serait ridicule pour un homme d'être effrayé en certaines petites circonstances, par exemple si un rat passait brusquement devant lui ou si une araignée lui tombait sur l'épaule. Dans le même cas, vous seriez excusables de pousser un petit cri. Mais, toutes les fois qu'il s'agira de choses plus sérieuses, vous devrez être braves, mes chères amies. Vous aurez à supporter la fatigue, la maladie, la souffrance : nulle créature humaine ne peut y échapper. Il faut du courage pour se faire arracher une dent ; il en faut dans mille autres circonstances plus graves. Trembler, gémir, se plaindre, ne sert à rien. Il vaut mieux accepter bravement les épreuves qui nous sont envoyées : cela est plus noble, et c'est aussi le moyen de souffrir moins. Le courage, la patience, et, s'il est possible, la bonne humeur, permettent d'attendre, sans trop de peine, des jours plus heureux.

IV

CONSEILS DE TOBIE

ARGUMENT

L'histoire que je vais vous dire exprime des croyances que personne n'est tenu de partager, et il s'y passe des choses aussi merveilleuses que dans nos contes de fées ; mais je suis sûr qu'elle vous touchera et vous inspirera des réflexions utiles.

Voici donc ce que raconte un livre très ancien, où il y a de fort belles choses.

Le petit peuple d'Israël, vaincu par la puissante nation des Assyriens, avait été transporté dans le pays des vainqueurs. Il y fut d'abord très malheureux. Le roi d'Assyrie était féroce ; il haïssait le peuple captif. Lorsqu'un de ses sujets, en plein jour, étranglait un Israélite, ce crime restait impuni, et il était défendu d'ensevelir le cadavre, qui devenait la proie des vautours.

Un excellent homme, nommé Tobie, appartenant à la nation vaincue, ressentait profondément le malheur de tous ses compatriotes. Il les exhortait à la patience et leur venait en aide toutes les fois qu'il le pouvait. Lorsque l'un d'eux avait été tué par un Assyrien, Tobie, à la tombée du soir, lui rendait les derniers honneurs en l'enterrant de ses propres mains, malgré la défense du roi.

Enfin ce méchant vint à mourir, et il eut pour successeur un prince moins cruel. Les Israélites respirèrent. Ils purent gagner leur vie en travaillant, et quelques-uns jouirent d'une condition assez heureuse.

Il n'en fut pas ainsi de Tobie, qui devenait vieux et travaillait plus difficilement. Son jeune fils, nommé Tobie comme lui, gagnait bien peu de chose encore. Anna, sa femme, excellente au fond, mais aigrie par le malheur, avait un fort mauvais caractère. Le vieillard endurait tout patiemment.

Un malheur imprévu vint l'accabler. Un jour, il s'était assoupi dans son jardin. A l'instant même où il s'éveillait, la fiente d'une hirondelle tomba dans ses yeux, et il devint aveugle.

Tobie accepta cette nouvelle épreuve avec résignation. Mais, comme il ne pouvait plus travailler, et comme le labeur de sa femme et de son fils ne suffisait pas à les faire vivre tous les trois, il prit une grave résolution.

Autrefois il avait prêté une somme d'argent à un Israélite, nommé Gabaël, qui habitait maintenant Ecbatane, au pays des Mèdes. La sœur d'Anna vivait dans la même ville. Elle était mariée à un certain Ragouël, et elle avait une fille nommée Sara, que l'on disait charitable, modeste et gracieuse. Tobie résolut d'envoyer son fils à Ecbatane.

Le jeune homme devait se présenter chez le débiteur de son père et recevoir de lui la somme prêtée jadis. Ensuite il ferait une visite à son oncle et à sa tante.

« Peut-être, songeait le vieux Tobie, demandera-t-il sa cousine en mariage. Les parents de Sara la lui accorderont sans doute; et les jeunes époux, revenus ensemble dans notre maison, y apporteront la joie dont elle est privée depuis si longtemps. »

Anna hésitait beaucoup à laisser son fils entreprendre seul un long voyage; le vieux Tobie n'était pas non plus sans inquiétude.

Tout à coup un jeune homme parut sur le seuil de la maison. Il était beau, grand, robuste, et il parlait d'une voix douce. Il disait s'appeler Azarias. On l'invita à se reposer; on lui offrit un rafraîchissement. Sa conversation plut au vieillard, qui lui demanda s'il voudrait accompagner le jeune Tobie jusqu'à Ecbatane. A la fin du voyage, on lui remettrait une somme d'argent pour le payer de sa peine. L'étranger accepta.

Alors Tobie songea qu'il était bien vieux et que peut-être, au retour de son enfant, il ne serait plus là pour le recevoir. Il lui adressa donc ses derniers conseils. Puis il l'embrassa bien tendrement; Anna fit de même; et le jeune homme partit avec son compagnon.

Ce sont les conseils de Tobie à son fils que vous lirez tout à l'heure.

Voici la fin de l'histoire. C'est ici, je dois vous en prévenir qu'elle devient assez singulière; mais chacun en croira ce qu'il voudra.

Vers le milieu du voyage, tandis qu'il se délassait au bord d'un fleuve, le jeune Tobie faillit être dévoré par un poisson terrible. Son guide le sauva en tuant le monstre à coups de lance. Ils mangèrent de bon appétit la chair de ce poisson; mais le prudent Azarias en conserva le foie et le fiel. Vous verrez pourquoi.

Ils arrivèrent ensuite à Ecbatane, se firent payer par Gabaël la somme autrefois prêtée par le vieux Tobie, et reçurent l'hospitalité dans la maison de l'oncle Ragouël. Le jeune Tobie, trouvant sa cousine charmante, la demanda en mariage. On fut obligé de lui dire que Sara avait déjà été fiancée sept fois; qu'un méchant diable nommé Asmodée s'opposait à ce que personne l'épousât; qu'il avait étranglé, l'un après l'autre, tous les fiancés, et qu'il pourrait bien en tuer encore un. Tobie déclara qu'il s'exposerait volontiers à la mort pour devenir l'époux de Sara. On le maria donc avec la jeune fille.

La journée s'écoula tranquillement; mais Asmodée ne paraissait jamais avant le soir.

Après le souper, Azarias dit au jeune Tobie : « Il faut que vous passiez la nuit en prières et que vous brûliez le foie du poisson. »

Lorsqu'il vit les époux graves et recueillis, et qu'il respira l'âcre odeur du foie brûlé, le démon ne put, en effet, rester dans leur chambre, où il avait réussi à pénétrer. Il prit la fuite ; et c'est ainsi que Tobie fut sauvé une seconde fois par son mystérieux compagnon.

Les jeunes époux, s'étant mis en route avec Azarias, arrivèrent chez Tobie, qu'ils eurent le bonheur de trouver en vie. Anna fut si contente qu'elle en devint tout à fait aimable; et ce qui rendit parfaite la joie de ces braves gens, c'est que le vieux Tobie recouvra la vue. Azarias fit encore cette merveille. Il frotta doucement les paupières du vieillard avec le fiel du poisson, qu'il avait gardé ; et, tout à coup, Tobie, ouvrant les yeux, vit sa femme, son fils et sa bru. Il les serra dans ses bras en pleurant de joie et en remerciant Dieu, qui le récompensait enfin de sa droiture, de sa bonté, de sa résignation.

Au même instant, Azarias parut tout rayonnant de lumière. Ses vêtements devinrent blancs comme la neige. On vit jaillir de ses épaules deux ailes de cygne, et il prit son vol dans le ciel, après avoir béni la famille de Tobie. C'était un ange.

Oubliez maintenant ce qu'il a pu y avoir de fantastique dans notre histoire, et revenons aux conseils de Tobie.

Il avertit son fils d'observer exactement la Loi. Les Israélites disaient que Dieu même (ils croyaient en un seul Dieu) était apparu à leurs ancêtres, sur la montagne Sinaï, au milieu du tonnerre et des éclairs, et qu'il avait remis à Moïse, chef du peuple, une table de pierre où cette Loi était écrite. Ce qui n'est pas douteux, c'est qu'elle contenait d'excellentes règles de vie.

Ne tue pas; ne vole pas; dis la vérité; honore ton père et ta mère : ces commandements-là, et bien d'autres, sont écrits dans notre cœur aussi bien que dans la Loi de Moïse.

Comme le jeune Tobie avait de bons sentiments, son père jugea inutile de lui rappeler qu'il ne faut pas voler ou assassiner. Il lui fit mieux comprendre quelle respectueuse tendresse un fils doit à sa mère. Anna était souvent brusque; elle grondait volontiers ; mais qu'est-ce que les petits défauts d'une mère à côté de toutes les souffrances qu'elle a endurées pour son enfant, des soins qu'elle lui a prodigués, de son dévouement toujours prêt?

Tobie recommanda ensuite à son fils d'avoir confiance en Dieu. Les Israélites croyaient que les ancêtres de leur race : Abraham, Isaac, Jacob, avaient été l'objet d'une protection toute spéciale et que Dieu n'abandonnerait pas le peuple d'Israël. Il faut reconnaître que cette croyance les a soutenus dans les plus cruelles épreuves.

Tous les autres conseils de Tobie peuvent se résumer en quatre mots : « Sois juste ; sois bon. »

« Sois juste. » Qu'est-ce que c'est, être juste? C'est ne faire de tort à personne. Voulez-vous être juste? *Ne faites point à autrui ce que vous ne voudriez pas que l'on vous fît.*

« Sois bon. » Qu'est-ce que c'est, être bon? C'est aimer nos semblables et leur venir en aide. Voulez-vous être bon? *Faites à autrui ce que vous voudriez que l'on vous fît.*

Presque toujours la justice et la bonté marchent ensemble.

Il y a pourtant des personnes honnêtes qui sont peu charitables ; mais leur honnêteté est bien dure et bien froide. Elle ressemble à un corps sans âme. Aussi Tobie dira-t-il :

La bonté, mon enfant, c'est l'âme de la Loi.

CONSEILS DE TOBIE

Peut-être, ô mon cher fils, lorsque tu reviendras,
Ne serai-je plus là pour serrer dans mes bras,
Pour couvrir de baisers, pour baigner de mes larmes
Notre enfant bien-aimé, source de tant d'alarmes ;
L'éternel Dieu, peut-être, aura guidé mes pas
Au pays ténébreux d'où l'on ne revient pas.
Ainsi, garde en ton cœur mes paroles suprêmes.
Honore chaque jour, bénis comme tu l'aimes,
Celle qui t'a porté, mon fils, avec douleur,
Puis nourri de son lait, préservé dans ta fleur,
Enveloppé d'amour, de soins et de caresses ;
Et, plus tard, si la mort l'enlève à tes tendresses,
Ferme pieusement ses yeux, pleure-la bien,
Et mets dans le tombeau son corps tout près du mien.
— Lève tes mains vers Dieu, lorsque tu désespères.
Souviens-toi que toujours il veilla sur nos pères,
Qu'il bénit Abraham, Isaac et Jacob.
Sois-lui soumis autant que le saint homme Job.
Observe bien la Loi qu'il fixa pour les nôtres ;
Déteste l'injustice, et ne fais point aux autres
Ce que tu ne veux pas que l'on te fasse. — Il faut,
Si tu dois un denier, le payer aussitôt ;
L'ouvrier a toujours besoin de son salaire.

Parle à ton serviteur sans fierté ni colère.
Que le pauvre devant ta porte soit fêté;
Mange avec lui ton pain; couvre sa nudité;
Jamais, en le voyant, ne détourne ta face;
Et Dieu, quand tu voudras un secours efficace,
Ne détournera point son visage de toi.
La bonté, mon enfant, c'est l'âme de la Loi.

NOTES

Notre enfant bien-aimé, source de tant d'alarmes. Une *source* est le commencement d'une rivière. La naissance d'un enfant est, pour son père et sa mère, le commencement de bien des soucis, de bien des inquiétudes. Il est la *source* de leurs alarmes.

Au pays ténébreux d'où l'on ne revient pas. C'est le séjour des morts, tel que se le figuraient les anciens Israélites : lieu d'ombre, de silence, de sommeil. La croyance à une vie future ne se répandit parmi les Israélites que vers le troisième siècle avant Jésus-Christ.

Honore chaque jour, bénis comme tu l'aimes... Un enfant qui n'aimerait pas sa mère, serait un monstre. Chacun de vous aime la sienne. Mais, tout en aimant votre mère, vous ne lui témoignez pas toujours assez de respect, de tendresse, de reconnaissance.

Celle qui t'a porté avec douleur; celle qui t'a préservé dans la fleur... La mère a porté l'enfant comme l'arbre porte sa fleur, qui sera fruit un jour. Mais l'arbre ne souffre pas, tandis que la mère a enduré bien des peines, avant que la petite fleur fût tout à fait épanouie. Une fleur est chose bien fragile : le vent, la gelée, la grêle, peuvent la détruire. C'est pourquoi, tant que vous êtes encore en fleur, on vous préserve avec soin de tout ce qui pourrait vous nuire. Il faut que vous deveniez de beaux et bons fruits.

Il bénit Abraham... Le mot *bénir* a plusieurs sens. Lorsqu'on dit : l'enfant *bénit* sa mère, cela signifie qu'il exprime sa gratitude pour elle. Lorsqu'on dit : Dieu *bénit* un homme, c'est comme si l'on disait : Dieu protège cet homme et le fait prospérer,

Le saint homme Job. D'après la Bible, où est aussi racontée l'histoire de Tobie, Job était un juste qui, soudain, perdit tous ses biens, fut atteint d'une affreuse maladie, abandonné de tous, cruellement raillé par sa famille et par ses amis. « Te voilà bien avancé, lui disait-on, d'avoir toujours été honnête, bon et compatissant ! » Job montra une admirable patience dans l'adversité ; et, sans comprendre pourquoi le malheur le frappait, il attendit de meilleurs jours. L'histoire ajoute que Dieu lui rendit la santé, de riches terres, de nombreux troupeaux et l'affection de ses proches.

Pour les nôtres. Pour ceux de notre peuple.

Parle à ton serviteur... Le jeune Tobie est très pauvre et n'a personne pour le servir. Mais il sera peut-être riche plus tard, et son père lui donne des conseils pour toutes les situations où il pourra se trouver.

Que le pauvre devant ta porte soit fêté. Il ne suffit pas de lui donner un morceau de pain ; il faut lui faire bon visage et lui dire une parole amicale.

Dieu... ne détournera point son visage de toi. C'est une façon de parler. « Si tu ne trouves aucun secours dans ton malheur, dit Tobie, ce sera comme si Dieu ne daignait pas se tourner vers toi. Mais, au contraire, de braves gens te viendront en aide si toi-même tu as été charitable, et il te semblera que Dieu te regarde avec bonté. »

V

CHANSON D'ARIEL

ARGUMENT

Autrefois, à Milan, régnait un duc appelé Prospéro, homme très bon et très sage. Son unique défaut était de trop aimer l'étude. Voilà un reproche que l'on ne fera pas à certaines petites personnes de ma connaissance ! Mais il y a temps pour tout. Quand on gouverne un pays, il est dangereux de s'enfermer, pendant des journées entières, à lire de gros livres bourrés de science. Prospéro l'apprit à ses dépens.

Son frère cadet, nommé Antonio, voulait à toute force parvenir au trône. Ce méchant séduisit par de belles promesses les grands seigneurs de la cour, et il s'assura la protection du puissant roi de Naples, en s'engageant à lui payer un tribut lorsqu'il aurait remplacé son frère aîné comme duc de Milan. Prospéro, absorbé par l'étude, ne s'aperçut pas de ces intrigues. Un beau jour, sur l'ordre d'Antonio, on s'empara de lui pour le faire mourir. Mais un vieux conseiller honnête fit observer que le peuple aimait Prospéro, et que, si l'on assassinait le duc, cela révolterait tout le monde. Antonio se rendit à ces raisons. Il se contenta de faire mettre Prospéro dans une barque, seul avec sa petite fille, dont la mère était morte, et il lui souhaita bon voyage, persuadé que le père et l'enfant ne tarderaient pas à périr de faim et de soif.

Il n'en fut pas ainsi. Le bon vieux conseiller avait caché dans la barque une outre pleine d'eau, des vivres, et quelques-uns de ces mystérieux volumes auxquels Prospéro devait la perte de son duché. Une douce brise poussa l'embarcation sur les flots, et, après quelques jours, elle aborda dans une île charmante, où ne manquaient ni les fleurs ni les fruits, peuplée d'animaux inoffensifs, et tout égayée par les chansons des oiseaux.

Vous avez vu l'inconvénient de trop réfléchir quand il faudrait agir ; maintenant vous allez voir les avantages de l'étude.

Dans l'île où le duc de Milan aborda, il n'y avait pas une seule créature humaine ; mais elle était habitée par des génies très singuliers. A force d'étudier ses livres de magie, Prospéro finit par dominer entièrement ces êtres bizarres ; il leur fit exécuter ses ordres, et ainsi l'existence fut possible pour sa fille et pour lui, pendant les longues années où ils vécurent sans nulle compagnie de leurs semblables.

Prospéro commandait surtout à deux génies, bien différents l'un de l'autre : Caliban et Ariel.

Caliban avait à peu près la forme d'un homme. Il était robuste, mais disgracieux, sale, grossier, hargneux et méchant. Sa mâchoire s'avançait comme celle d'un singe ; sa bouche était fendue jusqu'aux oreilles ; il avait le corps velu comme un ours ; des membranes reliaient les doigts de ses mains armées de griffes et de ses pieds pareils à des pattes de canard. Il exhalait une horrible odeur de poisson.

Ariel appartenait à l'espèce des génies aériens. Il était petit, bien fait, aimable et rieur. Il pouvait prendre toute sorte d'apparences, terribles ou gracieuses. Il aimait à voltiger dans l'espace ; parfois, pour ne pas se fatiguer, il montait sur une chouette ou sur un oiseau de mer. Il aimait passionnément les fleurs, et son ouïe était si fine qu'en approchant de son oreille les grappes de muguet, les liserons ou les campanules, il entendait la délicieuse musique de ces petites clochettes. De plus, il savait se faire si menu, si menu, qu'il pénétrait dans le calice des fleurs, afin d'y sucer une gouttelette de miel ou de s'y blottir pour la nuit.

Prospéro essaya d'instruire Caliban et de le rendre meilleur ; mais il ne put y réussir. Le monstre voulut même assassiner son maître. Prospéro lui infligea une bonne correction ; puis il se tint sur ses gardes, sans renoncer à se faire servir par ce mauvais drôle. Il l'envoyait chercher de l'eau ou du bois ; il lui faisait allumer le feu et nettoyer la vaisselle. Lorsque Caliban avait commis quelque méfait, Prospéro, par son art magique, lui envoyait quelques bonnes crampes dans tous les membres, et l'autre, en hurlant, jurait de ne plus recommencer.

Ariel fut un serviteur habile et dévoué ; pourtant il se plaignait de travailler sans relâche. Lorsqu'il soupirait après sa liberté, Prospéro lui disait : « As-tu donc oublié le service que je t'ai rendu ? Des esprits plus puissants que toi t'avaient enfermé dans le creux d'un pin ; tu habitas douze ans cette cruelle prison, où tu poussais des gémissements aussi nombreux que les tours de roue d'un moulin. Je t'entendis, moi, et j'eus pitié de toi ; par mon art je te délivrai. L'as-tu donc oublié, ingrat ? » A ces paroles de son maître, le gentil petit Ariel répondait en protestant de sa reconnaissance ; et Prospéro reprenait avec un bon sourire : « Va ! tu seras libre bientôt. »

Ce n'était pas une promesse en l'air.

Le roi de Naples maria sa fille à un prince d'Afrique. Avec une suite nombreuse, parmi laquelle se trouvait Antonio, le nouveau duc de Milan, il la conduisit jusque dans le royaume de son époux. Puis il fit voile pour retourner à Naples. Or, le navire passa tout près de l'île où Prospéro habitait, depuis plusieurs années, avec sa fille Miranda.

« Voilà, se dit le magicien, une bonne occasion de punir mon misérable frère et le roi de Naples, qui lui a prêté son aide pour me déposséder de mon trône. »

Il ordonna donc à son cher Ariel de soulever une violente tempête. Submergé par les vagues, enveloppé d'éclairs, craquant de tous côtés sous l'effort du vent, le navire se brisa en pièces. Le roi et toute sa suite furent jetés à demi morts sur le rivage. Ferdinand, le fils du roi, avait disparu.

Prospéro était très bon ; il ne désirait point la mort des coupables. A plus forte raison ne voulait-il pas faire périr un innocent. Ferdinand aborda dans une autre partie de l'île. Ariel, caché par un nuage et jouant de la mandoline, attira le jeune homme vers la grotte où habitait Prospéro. Le vieillard s'y trouvait avec sa fille. Elle était tout émue de compassion, parce qu'il venait de lui faire un récit de la tempête, et qu'elle tremblait pour la vie des naufragés.

Le bon magicien s'étant rendu invisible pour un instant, le prince aperçut la jeune fille toute seule, et pleurant à chaudes larmes. Il crut voir une déesse affligée. Certes, Miranda lui parut bien belle ; mais il devina que sa bonté surpassait encore sa beauté. Après l'avoir saluée avec respect, il l'interrogea sur le lieu où il avait été jeté par la mer. Ils causèrent ensemble quelques instants. Puis, tout à coup, Ferdinand s'écria : « Je suis presque sûr, hélas ! que mon cher père a péri dans la tempête, et que je devrai me passer de son consentement pour me marier. Si je deviens un jour roi de Naples, voudrez-vous être ma reine ? Moi, je n'aurai jamais d'autre femme que vous. » La jeune fille resta tout interdite.

Prospéro souhaitait ce mariage ; mais, voulant éprouver le jeune homme, il parut subitement, affecta de le prendre pour un espion et lui parla d'une voix irritée. Il lui ordonna ensuite d'accomplir les tâches les plus pénibles, comme de transporter à une grande distance et d'empiler plusieurs milliers de bûches. Blessé dans sa fierté de jeune prince, Ferdinand, d'abord, essaya de résister ; puis il accepta tout avec patience, par affection pour Miranda.

Pendant ce temps, Ariel était allé vers le roi de Naples. Il le frappa de folie furieuse, ainsi que le cruel Antonio et ses complices. Ne sachant plus ce qu'ils faisaient, brandissant leurs épées et sur le point de s'égorger les uns les autres, ils furent amenés malgré eux devant Prospéro. Tout d'abord, ils ne le reconnurent pas ; mais, une douce musique s'étant fait entendre, peu à peu ils reprirent l'usage de leur raison. Le vrai duc de Milan, alors, leur reprocha sévèrement, et surtout à son frère, de l'avoir chassé de sa ville et d'avoir eu la criminelle pensée de le faire périr. Accablés de honte et de remords, ils tombèrent à genoux devant lui, et c'est en pleurant qu'ils lui exprimèrent leur repentir. Prospéro ne souhaitait rien de plus. Il les releva ; et, touché lui-même jusqu'aux larmes, il les embrassa en signe d'amitié.

C'est ainsi qu'un noble cœur se venge en pardonnant.

Le roi de Naples restait tout affligé. « Ah ! dit-il, je suis bien puni de ma faute, car mon fils m'a été enlevé pour jamais ! » Prospéro parut compatir vivement à la douleur du roi. « Moi aussi, dit-il, j'ai perdu un être qui m'était bien cher : une fille tendrement aimée... » Alors le roi s'écria : « Que ne sont-ils vivants l'un et l'autre, pour être d'heureux époux, et, plus tard, roi et reine de Naples ! » Dès qu'il eut entendu ces paroles, Prospéro, en souriant, écarta un rideau qui cachait le fond de sa grotte ; et l'on aperçut Ferdinand et Miranda, assis l'un en face de l'autre et jouant aux échecs.

Le jeune prince, aussitôt, se leva et courut embrasser son père.

Tandis qu'on admirait ces merveilleux événements, des matelots arrivèrent tout joyeux. « Nous avions cru notre vaisseau brisé en pièces, dirent-ils ; mais, par un prodige, le voilà qui se balance à quelques brasses du rivage, aussi solide et aussi fringant que le jour où nous quittâmes la baie de Naples. »

Il fut convenu que tout le monde partirait le lendemain, que le mariage de Ferdinand et de Miranda serait célébré à Naples ; enfin, que Prospéro reprendrait possession de son duché.

« Ariel », dit-il à demi-voix ; et l'esprit aérien parut devant son maître. « Je te rends ta liberté, fit Prospéro. Ce n'est pas sans regret que je te quitte ; mais tu as bien gagné ta récompense. Vagabonde maintenant à travers le ciel, au-dessus de la mer ou le long de ses beaux sables dorés ! Amuse-toi avec les papillons, les oiseaux, les fleurs et les coquillages ! Va, cher petit Ariel, et sois heureux ! »

Ariel versa, dit-on, quelques larmes ; puis il prit son vol en chantant ce que vous allez lire.

CHANSON D'ARIEL

Avec l'abeille je butine
A travers les prés aux fraîches couleurs ;
Pour moi les clochettes des fleurs
Font une musique argentine.

Lorsque le hibou crie, et qu'il fait nuit,
Le cœur d'une primevère
Est le lit que je préfère ;
C'est là que je dors, que je dors sans bruit...

Sur le dos de la chauve-souris je m'envole,
A la fin de l'été, gaîment.
A moi le ciel pur et le flot charmant,

Qui brille comme un diamant !
Quand je serai las de ma course folle
Et de ma chanson,
J'irai me suspendre aux fleurs du buisson...

NOTES

Avec l'abeille je butine. Les peuples barbares, autrefois, guerroyaient pour faire du *butin.* L'innocente abeille recueille le sien sans nuire à la fleur qui contient une goutte de miel ; et c'est à la façon des abeilles que le gracieux Ariel *butine* dans la prairie.

A la fin de l'été... Vers ce moment de l'année, on voit, en grand nombre, voltiger les chauves-souris dans la douce lueur du crépuscule.

A moi le ciel pur... « A moi le ciel ! à moi la mer ! à moi les fleurs ! à moi tout ce qui est beau et charmant ! » Ainsi chante le petit Ariel. Vous ne pouvez pas, comme lui, voler sur les ailes de l'oiseau, pénétrer dans le calice des fleurs, danser sur l'écume de la mer. Mais vous pouvez, comme lui, admirer la grâce du printemps, les jeux de la lumière, la beauté du ciel et des eaux. Vous pouvez, en vous promenant ou en regardant autour de vous, goûter le charme d'un paysage autant que si les bois et les champs vous appartenaient à vingt lieues à la ronde. Vous pouvez observer les mœurs curieuses des plus petites bêtes, remarquer en quelle saison s'ouvrent les mignonnes fleurettes de la montagne ou de la plaine, distinguer l'une de l'autre les chansons de tous les oiseaux. Vous pouvez, comme Ariel, jouir de la nature entière sans faire de tort à personne.

VI

L'HIVER

ARGUMENT

J'entends des personnes se plaindre toujours de l'hiver, comme si les ennuis qu'il nous apporte n'avaient aucune compensation. Il me paraît ridicule de gémir ainsi. J'aime l'hiver. Ah ! quels bons souvenirs il me rappelle ! Quand j'y ai bien pensé, je redeviens enfant. Tenez, celui qui vous parle en ce moment n'est pas un homme à grande barbe, comme vous pourriez le croire. Mettez-vous bien dans la tête que c'est un gamin de dix à douze ans.

« L'hiver a ses plaisirs, vous dira ce petit homme ; il a ses gaîtés, comme les autres saisons. Par un temps sec, lorsque le soleil fait étinceler le givre, les courses au grand air ont un attrait plus vif. On peut aussi faire de belles glissades et construire des bonshommes de neige. En rentrant au logis, on est rouge comme une cerise, et de quel appétit on dévore ! Le sang circule mieux ; on est plus actif, plus vigoureux, de plus vaillante humeur.

« On vit davantage en famille ; on se réunit plus volontiers entre voisins. La fin de l'année amène des fêtes que j'aime beaucoup. Quel plaisir d'attendre de bons amis, aux environs de la Noël, pour souper gaîment avec eux !

« On dit que ces plaisirs-là sont encore plus goûtés par ceux qui, comme nous, habitent la campagne. C'est bien possible ; mais, à coup sûr, je me réjouis fort, en ce moment, à la pensée qu'une de ces réunions amicales va terminer un joyeux dimanche de décembre. D'autant plus que nos amis ont de fort gentils enfants : mon brave camarade Thomas, toujours en quête d'une drôlerie pour nous amuser, et sa gentille petite sœur Lison, dont la mine espiègle fait passer un sourire sur les visages les plus sévères. Ah ! nous en avons fait, de bonnes parties, tous les trois ! Ce n'est pas toujours sans disputes, mais on est vite raccommodés.

« L'après-midi a fui bien vite, et la nuit s'était faite depuis longtemps, lorsque nous sommes rentrés d'une longue et joyeuse excursion. Tout à l'heure nos amis viendront partager notre repas. On a le droit d'être un peu gourmand ce soir. Un peu, mais pas trop. Le beau plaisir, vraiment, de se rendre malade à force de mangeaille !

« Je vais tout de même jeter un petit coup d'œil à la cuisine. Margot, notre servante, une bonne fille toujours gaie, toujours courageuse à l'ouvrage, écume, en ce moment, le pot-au-feu. Elle reluit de santé, Margot; on dirait que la vapeur de ses ragoûts l'engraisse. Elle a entr'ouvert la fenêtre, parce qu'elle était incommodée par le feu, qui achève de rôtir une oie bourrée de châtaignes et de saucisses; et je m'aperçois qu'au dehors la neige tombe, couvrant peu à peu la terre, assourdissant le bruit des chariots, des pas et des voix.

« Pourtant, je distingue nettement le cri du hibou. Le hibou est bien l'oiseau de l'hiver. Il chante aussi en d'autres saisons, toujours la nuit ; mais, pendant l'hiver, il est presque seul à chanter. Son cri perçant s'accorde bien avec une saison rude et souvent maussade.

« Chose étrange, au moment où je parle, ce cri ne m'est pas désagréable du tout. Il me réjouit, au contraire. Pourquoi cela ?

« Si, en traversant les bois, seul, à la nuit tombée, j'entendais le hibou crier au-dessus de ma tête, ah ! je l'avoue, je serais bien capable d'avoir peur. Pas très peur : un petit frisson seulement. J'en serais honteux, et je m'efforcerais de faire bonne contenance. Mais, enfin, je hâterais le pas pour être plus vite rentré, et j'écouterais sans plaisir la musique de l'oiseau.

« Aujourd'hui, c'est tout autre chose. Je suis à la cuisine, égayé par un feu pétillant et clair. J'aspire la bonne odeur des pommes qui cuisent dans le beurre en sifflotant et prennent peu à peu une jolie teinte dorée. Je sais que, dans un instant, nos amis vont arriver, en belle humeur et pleins d'appétit. Tout me plaît, ce soir, tout m'amuse ; et la chanson lointaine du hibou, m'arrivant par la croisée entr'ouverte, me semble tout à fait drôle. »

Ainsi vous parle, chers amis, le petit homme de dix à douze ans que j'ai été jadis, et que je crois être encore en me rappelant mes vieux souvenirs. Oh ! je sais bien que j'ai maintenant une grande barbe, déjà grisonnante, et qui un jour, peut-être, sera une barbe de neige ; mais je continue à croire que l'hiver, même l'hiver de la vie, a ses avantages. Voulez-vous être toujours contents ? Prenez les choses par leurs bons côtés.

L'HIVER

Lorsque la glace pend des toits ;
Que Thomas souffle sur ses doigts
Pincés par la cruelle onglée ;
Qu'on empile chez nous les bûches par monceaux ;
Que la route est boueuse, et que dans les grands seaux
La crème vient toute gelée ;
Alors le hibou nocturne et hagard,
Au fixe regard,
Chante sur l'yeuse :
« Tuït ! tuou ! — Tuït ! tuou ! »
Musique joyeuse,
Tandis qu'en riant la grasse Margot
Écume le pot !

Lorsque le sermon du curé
Malgré ses cris est enterré
Sous les rhumes et les pituites ;
Que le nez de Lison brille d'un rouge éclat ;
Que la neige, au dehors, tombe, et que dans le plat

Sifflent les blondes pommes cuites;
Alors le hibou nocturne et hagard,
Au fixe regard,
Chante sur l'yeuse :
« Tuït ! tuou ! — Tuït ! tuou ! »
Musique joyeuse,
Tandis qu'en riant la grasse Margot
Écume le pot !

NOTES

Le hibou nocturne. La lumière du jour blesse les yeux du hibou. C'est la nuit qu'il vole, sans bruit, à la recherche d'une proie.

Hagard. Qui a des yeux sauvages ou effarés.

L'yeuse. C'est un chêne qui conserve ses feuilles vertes en toute saison.

Tuït ! tuou !... Lancez cela comme un cri d'oiseau; dites le mot : *joyeuse*, sur un ton de voix élevé; accentuez bien le mot : *grasse;* puis, en arrivant à : *Écume le pot*, finissez d'une façon un peu brusque.

Il faut que tout le poème soit récité gaîment.

VII

BERCEUSE

ARGUMENT

Obéron, le roi des génies, allait épouser Titania, la reine des fées.

Je voudrais vous donner une idée de leur taille. Obéron était assez grand pour qu'on employât presque toute la peau d'un lézard à lui faire une paire de bottes. Par les nuits d'été, lorsque nulle brise ne soufflait, Titania priait un papillon de l'éventer ; et l'insecte, en battant des ailes, cachait presque entièrement la tête de la reine.

Ils vivaient l'un et l'autre dans une forêt habitée par de gracieux sylphes vêtus de vert et par de légères sylphides, qui dansaient, le soir, au bord des sources ; par de spirituels petits lutins ; par des fées habiles à suspendre des perles de rosée à l'oreille des pervenches.

Or, Titania et Obéron se fâchèrent à la veille de leur mariage. Ils s'étaient pris d'affection pour un petit gnome au sourire malicieux, leste comme un singe, et qui portait un habit en cuir de chauve-souris. Chacun d'eux voulait l'avoir à son service, d'autant plus que ce gnome savait découvrir les émeraudes et les rubis dans les entrailles de la terre. Titania s'empara de lui ; et, l'ayant bien caché, elle déclara tout net qu'Obéron ne l'aurait pas. « S'il en est ainsi, s'écria le roi des génies, vous pouvez chercher un époux autre que moi. » Titania répliqua qu'elle ne serait pas embarrassée pour en trouver dix, et Obéron partit furieux avec toute sa suite.

Comme il était minuit, la reine des sylphides alla se coucher dans le creux d'un chêne, sur un lit de violettes préparé par ses suivantes. Sa dispute avec Obéron l'avait agitée. Elle eut de la peine à s'endormir, et elle pria les fées de lui chanter une berceuse, une de ces chansons très douces avec lesquelles on endort les tout petits enfants.

Les fées y consentirent volontiers. Elles invitèrent en chantant les animaux désagréables : serpents, limaces, vers, araignées, à s'éloigner de leur noble dame ; et elles mêlèrent à leur chanson des syllabes dépourvues de sens, mais agréables par le son, et dont la répétition devait assoupir la reine :

Lullaby, lulla, lulla, lullaby....

C'est ainsi qu'elles chantonnaient en se tenant par la main. Plus d'une fois, déjà, elles avaient endormi Titania au son des mêmes syllabes ; aussi avaient-elles coutume de lui dire, lorsque la reine oubliait de leur demander une berceuse : « Maîtresse, faut-il vous chanter, ce soir, notre lullaby ? »

Afin que la chanson fût plus belle encore, elles prièrent le rossignol de chanter avec elles au refrain ; et, pour faire plaisir à l'oiseau, elles l'appelèrent par son petit nom, qui est « Philomèle ».

Le rossignol mêla donc sa voix à celles des fées. Il gazouilla comme elles : *Lullaby*, *lulla*, *lullaby* ; comme elles, il chanta pour écarter de la petite reine les soucis, les craintes et les maléfices. On appelle ainsi les méchants tours des sorciers.

Titania s'assoupit. Alors les sylphides dansèrent autour du vieux chêne. Elles faisaient aussi peu de bruit qu'un merle sautillant sur de la mousse ; et leurs pas étaient si légers que les brins d'herbe se courbaient à peine sous leurs petits pieds. Ensuite elles se couchèrent dans leurs nids de plumes et de feuilles ; mais plusieurs ne dormirent que d'un œil, afin de porter secours à la reine, si on se permettait de l'attaquer.

Hélas ! en dépit de leurs bonnes résolutions, et malgré le chant qui aurait dû éloigner les maléfices, un bien mauvais tour fut joué à Titania pendant son sommeil.

Obéron avait résolu de la punir. Il congédia toute sa suite, excepté un petit génie appelé Puck, et il lui dit : « Écoute-moi bien. Sur la plus haute montagne de l'Inde il y a un arbuste unique en son genre, qui donne une seule fleur chaque année. Tu iras me chercher cette fleur. Elle ressemble à une petite mouche d'or, et elle contient un suc merveilleux. Si l'on exprime une goutte de ce liquide sur les paupières d'une personne endormie, à son réveil elle tombe en admiration devant le premier être qui lui apparaît. Titania n'est pas embarrassée, dit-elle, pour trouver un mari autre que moi. Eh bien! tu égoutteras sur ses yeux le suc de la fleur, et tu auras soin qu'en s'éveillant elle aperçoive un être tout à fait ridicule ou monstrueux. Dès qu'elle l'aura vu, elle le trouvera charmant; elle le suppliera d'être son époux. Moi, dissimulé dans l'arbre au-dessus d'elle, je m'amuserai de sa folie; puis je descendrai de ma cachette et je lui ferai honte devant toutes ses fées. »

Ce châtiment parut sévère à Puck; mais Obéron le rassura. « Au moyen de la gentille fleur bleue que je porte à mon chapeau, dit-il, je pourrai rendre à Titania toute sa raison. »

Puck avait bon cœur; mais il aimait la plaisanterie. Il s'amusait parfois à écrémer, avec sa petite langue, le lait qu'une ménagère égoïste avait mis de côté pour elle toute seule. Ou bien, blotti dans une pomme cuite, il sautait tout d'un coup à la figure du gourmand qui s'en léchait les lèvres par avance. Il lui arrivait même de retirer brusquement l'escabeau à trois pieds sur lequel une grosse commère babillarde allait s'asseoir; mais il avait soin qu'elle ne se blessât pas en tombant.

En moins de temps qu'il n'en faut à une baleine pour franchir une lieue de mer, Puck avait parcouru la moitié du globe, escaladé la plus haute montagne de l'Inde, découvert la fleur magique, et de nouveau traversé l'espace qui le séparait du vieux chêne. Il se fit tout petit afin de passer inaperçu entre les fées qui entouraient Titania; et, lorsqu'il fut près de la reine, il exprima sur ses yeux clos le suc de la petite fleur pareille à une mouche d'or.

Puis, s'étant éloigné, il chercha un être bien disgracieux afin de l'amener auprès de Titania. Mais il n'avait rien découvert de pareil, quand l'aube du jour dissipa peu à peu les ténèbres de la forêt.

Tout à coup, il entendit au-dessus de sa tête un léger bruit de feuillage remué, et, levant les yeux, il aperçut un gamin perché sur une branche d'arbre. « Oh! oh! fit Puck, est-ce pour étudier tes leçons, mon ami, que tu as grimpé là-haut de si bon matin? »

La vérité est que l'enfant s'était levé avant le jour pour

dénicher de pauvres petits oiseaux. Se voyant pris en faute, il eut peur ; et, dans son trouble, il tomba au pied de l'arbre. Puck ne manqua point de le saisir au passage, par le fond de sa culotte, pour amortir sa chute ; mais il lui parut bon de jouer un tour à ce dénicheur d'oiselets.

Le petit génie pouvait transformer les gens à sa fantaisie, pour quelques heures seulement. « Tu auras une tête d'âne ! » dit-il au gamin. Aussitôt les oreilles de l'enfant s'allongèrent et se couvrirent de poils ; son visage s'avança en forme de mufle, et il se mit à braire de toutes ses forces. Puck, lui sautant sur le dos, le fit galoper jusqu'au vieux chêne. La musique du baudet à deux pieds éveilla brusquement Titania ; et, en ouvrant les yeux, elle l'aperçut. Puck, aussitôt, se sauva dans les hautes branches de l'arbre, où il rejoignit Obéron, afin d'observer avec lui ce qui se passerait au-dessous d'eux.

La reine des fées avait sauté à terre fort lestement. Debout sur la pointe des pieds, elle tendait les bras vers le petit monstre à tête d'âne. « Oh ! dit-elle, que tu es beau ! Viens, assieds-toi sur l'herbe auprès de moi. Tu seras mon mari, n'est-ce pas ? Je t'en supplie et je te l'ordonne. Si tu ne veux pas m'épouser, je te ferai piquer par mes abeilles, et ensuite je mourrai de chagrin. »

L'enfant, tout étourdi, s'assit par terre à côté d'elle. Il aurait bien voulu être hors de la forêt. Il avait envie de pleurer ; mais il ne pouvait y parvenir, et, au lieu de sangloter, il continuait à braire. La reine déclara que, de sa vie, elle n'avait entendu un chant aussi délicieux.

Puis elle dit : « Laisse-moi poser une couronne d'églantines sur le poil soyeux de ta tête. Que tes larges oreilles sont belles ! Quelle joie de t'admirer ! Que je suis heureuse de te servir ! Mes fées te nourriront de miel sauvage, de mûres, de fraises des bois. Elles s'en iront fureter pour toi dans les greniers de l'écureuil, et elles t'apporteront ses plus grosses noisettes. »

Tout cela m'aurait séduit, moi. Mais l'enfant, depuis qu'il avait une tête de baudet, n'était plus gourmand. Ou plutôt, sa gourmandise avait changé de nature. Les fraises des bois ne lui disaient plus rien. Aux offres de Titania il répondit : « Franchement, Madame, j'aimerais mieux une poignée ou deux de pois secs, ou encore un picotin d'avoine. »

Honteuses et désolées de voir leur maîtresse éprise d'un monstre à tête d'âne, les fées se regardaient en silence ; elles ne comprenaient rien à une pareille folie ; et ces petites personnes délicates frémissaient en songeant qu'elles auraient à exécuter les ordres d'un maître aussi grossier.

Titania reprit : « Mon beau fiancé, il te faudra aussi des pages pour te servir. » Et elle appela quatre petits génies qui lui appartenaient : « Toile d'araignée ! Papillon ! Fleur de pois ! Graine de moutarde ! » Les personnages ainsi nommés parurent tous les quatre ensemble, firent la révérence, et, dès qu'ils eurent été présentés à leur nouveau seigneur, lui demandèrent en quoi ils pourraient lui être agréables.

« Ma foi, dit l'autre, si vous me grattiez la tête, le nez et les joues, ça me ferait joliment plaisir. Il me semble que mon visage est couvert de poils. C'est bien gênant ; et j'ai toujours une oreille ou l'autre qui me démange. »

Alors Toile d'araignée, Papillon, Fleur de pois et Graine de moutarde se mirent à le gratter vigoureusement avec leurs petits ongles pointus.

Obéron pensa qu'il était temps de mettre fin à la folie de la reine. Il descendit de l'arbre ; et, se glissant vers elle, il lui toucha les paupières avec une gentille fleur bleue. Titania, aussitôt, fut guérie de sa démence. « Oh ! dit-elle, que m'est-il donc arrivé ? J'ai fait un songe affreux. Il me semblait, dans mon rêve, que j'allais épouser un âne. » Obéron lui répondit en souriant : « Voilà votre fiancé. » Titania vit le monstre ; elle se rappela sa folie ; et, pleine de honte, elle couvrit son visage avec ses mains.

Sur un signe du roi, Puck rendit à l'enfant sa forme naturelle. « Sauve-toi ! lui dit-il ; c'est l'heure de l'école. » Et le dénicheur d'oiseaux s'enfuit à toutes jambes. Il n'a jamais bien su ce qui lui était arrivé.

Titania dit ensuite à Obéron : « Je suis justement punie de vous avoir offensé. Je n'aurais pas dû m'emparer du petit gnome au sourire malicieux, leste comme un singe, et qui porte un habit en cuir de chauve-souris. Je le remettrai entre vos mains, et vous m'épouserez si cela vous fait plaisir. »

« O chère Titania, répondit Obéron, j'aurais dû, moi-même, être plus aimable et ne pas vous contrarier. Pardonnez-moi, je vous prie. Mais savez-vous pourquoi je voulais avoir en ma possession le petit gnome qui sait découvrir les émeraudes et les rubis dans les entrailles de la terre ? C'était pour vous faire de splendides parures. Si toutes les richesses du monde m'appartenaient, ma joie la plus vive serait de vous les offrir. »

Le soir même on célébra leurs noces. Je ne vous décrirai pas en détail la toilette de la mariée ; mais je peux vous dire qu'elle portait une couronne de vers luisants, et que Toile d'araignée, Papillon, Fleur de pois et Graine de moutarde soutenaient la longue traîne de son manteau blanc, tissé avec des rayons de lune.

BERCEUSE [1]

UNE VOIX

Serpents tachetés aux langues bifides,
Vous qui formez d'horribles nœuds,
Cachez-vous bien ; fuyez, hérissons épineux,
Loin de la Reine des Sylphides.
Orvets et lézards, ne vous montrez pas;
Pour elle nous chantons tout bas.

1. Il sera bon de faire réciter ce poème par plusieurs enfants.

Les deux couplets (pour une seule voix) auront chacun leur récitant ou leur récitante.

Lorsqu'on arrivera au chœur, trois élèves diront *ensemble* les trois premiers vers, le sixième et le neuvième. Un seul ou une seule récitera les vers 4 et 5, 7 et 8.

Les vers récités par plusieurs devront être dits avec un ensemble parfait, d'une voix douce et assez lente.

Les passages où il faut une seule voix et ceux qui en exigent plusieurs pourront être dits par les mêmes enfants, dont le nombre serait ainsi réduit à trois.

Ce poème convient surtout aux petites filles. Une d'entre elles, assise et muette, pourrait figurer Titania. Les récitantes la salueraient gracieusement au dernier vers du chœur (les deux fois). Ce salut peut aussi être adressé à une Titania imaginaire.

CHOEUR

Mélodieuse Philomèle,
Que ta voix se mêle
A notre berceuse, au doux lullaby !
Loin d'ici, cruelles alarmes,
Maléfices, dangereux charmes,
Lullaby, lulla, lulla, lullaby.
Paix à la couche parfumée
De notre Dame bien-aimée :
Ainsi donc bonne nuit avec le lullaby.

UNE VOIX

Vous qui, tristement, ourdissez vos toiles,
N'approchez pas ; grêles faucheux,
Laissez Titania, loin de tous les fâcheux,
Dormir sous les pures étoiles.
O limaces, vers, sombres escarbots,
Ne troublez pas son doux repos.

CHOEUR

Mélodieuse Philomèle,
Que ta voix se mêle
A notre berceuse, au doux lullaby !
Loin d'ici, cruelles alarmes,
Maléfices, dangereux charmes,
Lullaby, lulla, lulla, lullaby.
Paix à la couche parfumée
De notre Dame bien-aimée :
Ainsi donc bonne nuit avec le lullaby.

NOTES

Serpents aux langues bifides. Bifide veut dire : fendu en deux. C'est une chose un peu inquiétante de voir un reptile, même inoffensif, comme la couleuvre, darder de tous les côtés sa langue mince et fourchue. Pourtant un serpent vous lécherait la joue avec sa langue sans vous faire aucun mal. Il ne s'en sert que pour palper les objets ou pour lapper un liquide, de l'eau, par exemple, ou du lait, dont il est très friand. Lorsqu'il s'agit d'un reptile venimeux, comme la vipère, le venin est contenu dans une glande située près de certaines dents; et c'est par la morsure que le serpent communique ce terrible poison, souvent mortel.

Orvet. C'est un joli petit reptile qui n'est pas dangereux du tout. Il est de couleur métallique, un peu plus gros qu'un crayon, et long, tout au plus, de 40 à 50 centimètres. On l'appelle aussi *serpent de verre.* Lorsqu'il a été pris, il devient tout raide et se brise aisément. Parfois sa queue vous reste dans les mains et il en profite pour se sauver. Au bout de quelques mois, une autre queue lui a poussé.

La même chose arrive souvent au lézard.

Voilà deux animaux dont il serait ridicule d'avoir peur. Mais avouez qu'il eût été désagréable pour Titania de sentir un lézard ou un orvet glisser sur sa gentille frimousse.

Philomèle. C'est, je vous l'ai dit, le petit nom du rossignol. Si vous ne le croyez pas, écoutez une histoire.

Il y a bien longtemps, vivait, à ce que l'on raconte, une charmante jeune fille nommée Philomèle. Un méchant roi voulut l'épouser. Elle n'y consentit point; et le cruel, pour se venger, lui coupa la langue. Ensuite il l'enferma dans une tour. Elle ne pouvait plus parler, mais elle gémissait d'une façon si triste et si douce que ses gardiens, hommes très rudes, pleuraient en l'écoutant. Alors le roi, craignant qu'ils ne lui permissent de s'enfuir, résolut de la tuer. Comme il était sur le point d'accomplir ce crime, les dieux, émus de pitié, changèrent Philomèle en petit oiseau, et elle s'enfuit par une fente de la muraille. Elle se réfugia dans les bois, où elle continua de gémir, ou plutôt de chanter, sauf qu'elle ne pouvait prononcer aucune parole distincte. On lui donna le nom de rossignol. Les dieux l'ont rendue immortelle ; et, tant qu'il y aura des hommes, Philomèle les ravira par sa plainte mélodieuse.

Dangereux charmes. Nous ne croyons plus guère à la magie, bien que les histoires de sorciers nous amusent encore ; mais, du temps que tout le monde y croyait, une opération magique s'appelait parfois un *charme.* Par exemple, des hommes furieux brandissent leurs épées contre le bon magicien Prospéro, dont je vous ai parlé : il dit quelques paroles étranges, il fait un geste, il étend sa baguette vers ceux qui l'attaquent... Aussitôt un *charme* est produit ; les hommes ne bougent plus ; ils n'ont même plus la force de soulever leurs épées.

Il y avait des charmes assez puissants pour faire oublier à un voyageur son pays natal ; pour endormir une personne malgré tous ses efforts ; pour la contraindre à danser sans qu'elle en eût la moindre envie. D'autres charmes vous délivraient d'un chagrin, vous délassaient de longues fatigues, vous faisaient entendre une délicieuse musique, venue on ne sait d'où.

Un charme pouvait donc, à ce que l'on croyait, être utile ou nuisible. On aimait à parler surtout des charmes agréables ; et c'est pourquoi, lorsqu'une chose nous plaît beaucoup, nous disons, encore aujourd'hui : « Je suis sous le charme. » Supposez que vous m'ayez très bien chanté de jolies chansons, je dirais en vous remerciant : « Vous m'avez charmé. » C'est comme si je disais : « Vous êtes un vrai magicien ou une fée très puissante ; vous auriez pu me tenir immobile et attentif pendant des heures. »

Vous qui, tristement, ourdissez vos toiles... Ces tristes filandières, ce sont, vous ne l'ignorez pas, les araignées. Les faucheux aux longues pattes grêles sont leurs cousins germains.

Loin de tous les fâcheux. On peut appeler *fâcheux* tout ce qui nous *fâche.* Ce mot s'emploie en parlant des choses plutôt que des personnes. « Vous m'apprenez une fâcheuse nouvelle. » — « Ah ! quelle rencontre fâcheuse ! » Mais on peut dire aussi : « Un fâcheux », pour désigner une personne qui vous dérange sans motif et vous fait perdre votre temps par son bavardage.

Sombres escarbots. Ne confondez pas les *escarbots* avec les *escargots.* L'escarbot est un insecte du genre des scarabées ; l'escargot est un mollusque, c'est-à-dire un animal mou, qui habite une coquille, et qui emporte sa maison en voyage.

VIII

L'ÉTOILE DU SOIR

ARGUMENT

Peut-être vous a-t-on raconté les Noces du Papillon. Il ne voulait pas se marier. Mesdemoiselles Fourmi, Abeille et Cigale, messieurs Limaçon, Ver luisant et Grillon allèrent trouver leur ami aux ailes blanches, l'engagèrent vivement à épouser la gentille Papillonne et, pour le décider, lui firent les offres les plus gracieuses. Limaçon céderait sa coquille aux nouveaux époux, qui n'avaient point de logis; Fourmi, généreuse pour une fois, régalerait la compagnie; Abeille fournirait le dessert; Cigale et Grillon se chargeraient de la musique. Tout ce petit monde comptait bien prolonger le bal jusqu'au matin; et, pour éclairer les danseurs, Ver luisant redoublerait d'éclat. Papillon, touché par ces offres aimables, déclara qu'il voulait bien épouser Papillonne.

Certes, il aurait dû la consulter avant d'annoncer son mariage. Il négligea de le faire. Étant très satisfait de sa petite personne, il pensa que le consentement de la fiancée était certain. Au fond, il ne se trompait pas. Mais Papillonne fut choquée de ce manque d'égards. Ayant appris par trois fleurs de ses amies : Rose, Violette et Marguerite, que Papillon allait disant aux uns et aux autres : « Vous savez, j'épouse Papillonne », elle déclara tout net que ce mariage, décidé sans elle, ne se ferait pas. Là-dessus, maître Papillon arrive. La future le reçoit fort mal, lui reproche son manque de courtoisie, raille sa vanité, puis, brusquement, disparaît derrière un buisson.

Les amis du fiancé, venus pour célébrer ses noces, le trouvent désespéré. Vainement ils lui prodiguent leurs consolations. Une seule chose pourrait apaiser son chagrin : c'est de rentrer en grâce auprès de Papillonne. Alors il leur vient une excellente idée. « Chantons quelque chose de très doux, se disent-ils, pour supplier Papillonne de pardonner à notre ami. » Tous ensemble, ils se mettent à soupirer une tendre et délicieuse mélodie, dont les paroles expriment le repentir de Papillon. La fiancée est émue ; elle sort de sa cachette, pardonne et se déclare prête à conclure le mariage.

Voilà, direz-vous, un conte bien frivole ! Je l'avoue ; mais la fin sera plus sérieuse.

Papillon et Papillonne s'approchèrent du vénérable Mûrier qui les avait vus naître, afin de recevoir sa bénédiction. Comme l'arbre était trop vieux pour se faire entendre de tout le monde, il pria Violette de prononcer le discours à sa place. La modeste fleur prit la parole en tremblant ; et, soufflée de temps à autre par son vieil ami, elle s'exprima en ces termes :

« Chers enfants, je vous marie : soyez heureux. C'est aujourd'hui une grande fête pour vous ; mais pensez bien aux devoirs que vous aurez à remplir. Vous n'êtes point parfaits : il faudra que chacun de vous supporte patiemment les défauts de l'autre. Si vous devenez, un jour, père et mère de petits papillons et de petites papillonnes, il faudra les soigner avec dévouement, les élever de votre mieux et leur donner toujours de bons exemples. »

La cérémonie achevée, on se préparait à festoyer joyeusement, lorsqu'une femme très belle apparut. Elle était vêtue de blanc ; une étoile brillait dans ses cheveux. Insectes et fleurs l'entourèrent avec une admiration mêlée de curiosité. Elle leur parla d'une voix tendre et grave.

« Vos regards me demandent qui je suis : je vais vous le dire. Je suis la première étoile qui se lève dans le ciel. Je brille au-dessus du soleil couchant. On m'envoie vers les hommes pour leur annoncer la nuit, si douce à tous ceux qui ont bien travaillé.

« L'ouvrier des champs ou des villes a fini sa tâche. Il s'en retourne chez lui en pressant le pas. Il respire avec délices la brise du soir qui le rafraîchit.

« Pareil à un énorme bloc de fer rouge, le soleil vient de

tomber derrière l'horizon. Quelque temps encore, le ciel reste clair. Puis les nuages roses prennent des teintes violettes ou grises, et disparaissent enfin. Il fait nuit.

« Je brillais depuis un instant, mais comme une faible lueur. Maintenant je rayonne de tout mon éclat.

« L'homme, élevant ses yeux, me contemple tout en marchant. Je le regarde aussi; je lui parle; et, malgré la distance, il peut m'entendre, s'il écoute attentivement.

« Tu as bien travaillé, lui dis-je, et tes petits enfants vont te sauter au cou. Ta femme sera heureuse de te revoir. C'est pour eux que tu as peiné; tu as gagné leur pain d'aujourd'hui. Bientôt la soupe va fumer sur la table; le repas de famille sera joyeux.

« Ensuite on couchera les petits ; ils s'endormiront paisibles. Leurs parents seront tout près d'eux, pour les protéger ou les soigner, s'il en était besoin. Mais je veux aussi, moi, veiller sur tes enfants. Je les aime et je les bénis.

« Toi-même, avant de te coucher, tu songeras quelques instants. Si ton labeur a été rude, tu songeras, en regardant l'Étoile du soir, qu'il est doux de prendre un repos bien gagné. Si tu souffres, j'endormirai ton mal. Si tu as des soucis, je te dirai : Aie confiance.

« Tu songeras que bien des hommes, avant toi, ont élevé leurs yeux vers l'étoile qui te sourit; tu songeras que bien des hommes, après toi, la regarderont encore. Ils ont eu ou ils auront, en la contemplant, les mêmes pensées que toi. C'est que tous les hommes sont tes semblables; ils sont tes frères, tous, même ceux que tu n'as pas connus ou que tu ne connaîtras pas...

« Voilà ce que je dis au travailleur retournant vers son humble logis.

« A vous aussi, fleurs gracieuses et gentils insectes, j'ai voulu dire quelques paroles. Elles vous rendront meilleurs, si vous les avez bien comprises. Adieu. Je me retire afin que vous puissiez vous divertir à votre aise. »

L'Étoile du soir, ayant ainsi parlé, disparut. Pendant un instant chacun fut grave et recueilli. Mais tout à coup ce petit farceur de Grillon entonna une chansonnette. On se mit à danser avec un entrain endiablé; puis on soupa joyeusement. Et ce furent de gais propos et de vibrants éclats de rire, jusqu'à l'heure où pâlissent les vers luisants dans l'herbe et les étoiles au ciel.

L'ÉTOILE DU SOIR

Quand l'homme a bravement travaillé jusqu'au soir,
Il quitte l'atelier ou les champs. Il se presse.
Une brise légère et pure le caresse.
Au repas de famille il va bientôt s'asseoir.

Il admire, en marchant, le soleil qui décline,
S'empourpre, et disparaît. La nuit tombe ; et, moins las,
Dans la brume teintée encore de lilas
Il voit un pâle éclair briller sur la colline.

L'ombre, noyant le ciel et la terre, grandit ;
Mais la faible lueur en devient plus visible.
Lentement elle monte ; elle est blanche et paisible ;
Maintenant une large étoile resplendit.

Elle regarde l'homme, et l'homme la contemple.
Elle parle à son cœur et lui dit : « Sois heureux.
Les tiens te fêteront, toi qui peines pour eux ;
Sois toujours leur soutien, leur force et leur exemple. »

Celle qui parle ainsi, dans l'ombre, au travailleur,
Celle qui bénira sa nichée endormie,
C'est moi. Je suis sa haute et rayonnante amie.
Qui m'écoute le soir s'éveillera meilleur.

D'innombrables vivants, durant les nuits passées,
Ont fixé leurs regards sur moi pour me bénir.
D'autres, sans nombre aussi, dans les nuits à venir,
Élèveront vers moi leurs yeux et leurs pensées.

Je suis la joie honnête après le saint devoir.
Doux repos du travail, baume de la souffrance,
Dans le plus triste cœur j'éveille une espérance.
O mes amis, mon nom est l'Étoile du soir.

NOTES

L'Étoile du soir. Vous savez qu'il y a deux sortes d'étoiles : les étoiles fixes et les étoiles errantes, que l'on appelle des planètes.

Il ne faudrait pas croire que les étoiles fixes brillent aux mêmes endroits du ciel pendant la nuit entière, ni qu'elles soient toutes visibles dans toutes les saisons. Cela ne serait pas exact. On a pourtant raison de les appeler fixes, parce que la distance qui les sépare les unes des autres reste toujours la même. C'est facile à comprendre. Ce qu'on nomme le ciel nous apparaît comme le dedans d'une énorme boule creuse. A l'intérieur de cette boule les étoiles semblent fixées comme des clous d'or. On dirait que la boule tourne au-dessus de nos têtes, de sorte que les mêmes clous d'or ne sont pas toujours à la même place ; mais la distance qui les sépare les uns des autres ne change pas.

Au contraire, les planètes sont des étoiles voyageuses. Chacune suit son chemin particulier, et nous les apercevons tantôt près d'un groupe d'étoiles fixes, tantôt près d'un autre.

Les étoiles fixes sont extrêmement loin de la terre. Sans cela nous verrions que ce sont d'énormes soleils, brillant de leur propre lumière, comme notre beau soleil à nous.

Les planètes sont bien plus près de la terre ; c'est pourquoi nous les voyons rayonner d'un très vif éclat. Mais elles ne brillent point de leur propre clarté. Elles sont beaucoup plus petites que les étoiles fixes. Ce sont des mondes à peu près semblables à la terre que nous habitons. Vous savez que la terre tourne autour du soleil, bien que ce soit le soleil qui ait l'air de tourner autour d'elle ; comme, en chemin de fer, quand le train va très vite, les arbres de la route semblent courir en sens inverse. Eh bien ! toutes les planètes tournent de même autour du soleil, qui leur donne, comme à nous, sa lumière et sa chaleur, sans lesquelles rien ne pourrait vivre à leur surface.

Il est fort possible que certaines d'entre elles aient des habitants.

L'étoile du soir est une planète un peu plus petite que la terre : les montagnes y sont très hautes, cinq fois plus que nos cimes les plus élevées. On l'appelle Vénus. Selon la croyance des anciens Grecs, Vénus était la déesse de la beauté; ils se la figuraient toujours gracieuse et souriante. On a donné ce nom à l'étoile du soir parce qu'elle est merveilleusement belle. Sa lumière est à la fois très puissante et très douce. Elle ne scintille presque jamais.

Quand les hommes d'autrefois se mirent à observer attentivement le ciel, la première étoile qu'ils distinguèrent de toutes les autres fut la planète Vénus. Comme ils adoraient tout ce qui est très beau et très brillant, ils durent bien souvent adresser leurs prières à l'étoile du soir.

Ils remarquèrent aussi un astre radieux qui brille à l'orient, un peu avant le lever du soleil. Ils l'appelèrent l'étoile du matin. Puis, après avoir bien observé, ils pensèrent qu'un seul et même astre leur apparaissait le soir à l'occident, et à l'orient vers le point du jour. C'était vrai. Ils avaient compris que l'étoile du soir est aussi l'étoile du matin.

Elle se montre au coucher du soleil pour dire à l'homme : « Tu as bien travaillé. Sois heureux auprès de ceux que tu aimes, et dors paisiblement. » Avant l'aube elle revient pour lui dire : « Lève-toi. Courage, ami! A la sueur de ton visage tu gagneras le pain de tes enfants. »

IX

PETITES FILLES

ARGUMENT

Chères petites filles, c'est à vous seules que je m'adresse maintenant.

L'autre jour, on me montra un Recueil de chants pour les écoles, et je vis, à la première page, un chant des Écoliers français. Bien qu'il renferme de petits préceptes pour tous les enfants, il convient aux garçons d'une manière très spéciale. Je ne m'étonnai point que ce premier chant fût pour eux. « Voilà bien, me dis-je, l'orgueil des hommes : ils s'attribuent toujours la première place. » Je tournai la page, persuadé que le second chant serait pour les petites filles. Pas du tout. Je feuilletai tout le volume sans y découvrir une chanson qui leur fût spécialement consacrée. Vous pensez bien, chères petites amies, que je fus indigné contre l'auteur du livre.

Je pris alors la résolution d'écrire quelque chose pour vous seules, de vous parler de vos devoirs, de vous dire ce que sera votre rôle dans la vie et tout le bien que vous pourrez faire, petites femmes en herbe !

Pour m'acquitter moins mal de ma tâche, je consultai une bonne fée. Elle me conseilla d'aller dans une école où j'entendrais des choses intéressantes.

J'arrivai dans cette école au moment où l'on y faisait la classe. La maîtresse m'accueillit avec bienveillance et me permit d'écouter. Une petite fille se tenait debout. Elle était toute mignonne, avec des yeux malins et un joli petit nez retroussé; d'ailleurs parfaitement propre, bien peignée, et ses cheveux blonds formaient une natte, serrée au bout par un ruban bleu.

La maîtresse l'interrogea.

« A quoi pensez-vous, mon enfant, lorsque vous faites, chez vous, un ouvrage d'aiguille indiqué par votre mère ?

— Madame, répondit-elle, je ne veux pas mentir. Il y a des moments où j'ai envie de regarder par la fenêtre ou de lire de belles histoires. Mais je pense en moi-même : « Ce n'est « pas bien. Mon ouvrage ne sera pas fini : que va dire maman? « Elle me grondera et elle aura du chagrin. »

— C'est bien répondu, reprit la maîtresse ; mais vous auriez pu ajouter quelques petites choses. Vous avez une poupée, n'est-ce pas ? Elle déchire parfois son linge ; il faut bien que vous soyez capables de le raccommoder. Elle ne peut pas non plus porter toujours les mêmes robes et les mêmes chapeaux : n'est-ce pas à vous de lui en faire d'autres? Il est vrai que, bientôt, vous serez grande : vous ne jouerez plus à la poupée. Mais peut-être qu'un jour vous serez, vous aussi, une véritable maman. Ah ! il s'agira bien d'autre chose, alors ! Vous avez vu votre mère soigner votre petit frère ou votre petite sœur. Du matin au soir elle s'occupe d'eux, lave leur linge, tricote leurs bas, reprise leurs vêtements. Il faut que vous sachiez faire tout cela pour n'être pas une mauvaise mère, quand vous aurez à soigner vos petites poupées vivantes. »

La maîtresse dit ensuite à une fillette un peu plus âgée que la précédente, une brune aux joues fraîches, qui ne devait pas se faire prier pour rire et gambader aux heures de récréation : « Et vous, chère petite, à quoi songez-vous en écrivant? Car, si attentif que l'on soit à son travail, il y a des instants où une idée vous traverse l'esprit.

— Ah ! répondit l'enfant, je ne vous cacherai pas, Madame, qu'une partie de quatre coins me plaît mieux qu'une page à copier. Mais il faut bien se faire une raison. Je n'aimerais pas à être, toute ma vie, une sotte. Je veux lire de beaux et bons livres qui m'instruiront, qui me charmeront aussi. D'ailleurs, il est utile de savoir bien tourner une lettre et de calculer sans faire de faute. Voilà ce que je me dis en trempant ma plume dans l'encrier. »

La maîtresse donna son approbation à cette réponse ; puis elle resta pensive durant quelques instants. Alors je me permis de prendre la parole.

« Mon enfant, dis-je à la petite fille, ce que vous avez répondu est fort sensé. Mais il y a une chose que vous avez oubliée ; ou peut-être avez-vous été embarrassée pour la dire. Vous aimez votre maîtresse, j'en suis sûre ; et vous savez qu'elle vous aime aussi. Elle prend beaucoup de peine pour vous instruire : c'est à vous de l'en récompenser. « Comment cela ? » direz-vous... En faisant de votre mieux. C'est la vraie façon de lui prouver que vous n'êtes pas une ingrate. »

Comme toutes les petites filles me regardaient, je pus voir sur leurs visages qu'elles approuvaient mes paroles. J'en fus très flatté ; mais en même temps j'étais fort gêné, je vous l'avoue, par tous ces yeux noirs, gris ou bleus, qui restaient fixés sur moi. La maîtresse vit mon embarras ; et, pour détourner l'attention des fillettes, elle en interrogea une troisième.

L'enfant était toute frêle et toute pâlotte : ses cheveux tiraient sur le roux. On ne pouvait pas dire qu'elle fût jolie, mais la bonté brillait dans ses yeux et les faisait paraître beaux. Tout, en elle, éveillait la sympathie. Même ses taches de rousseur donnaient à son visage quelque chose de plus doux.

La maîtresse lui dit : « Quand vous cueillez les violettes des bois ou les fleurs des prairies, quelle bonne pensée, chère enfant, cela fait-il naître en vous ?

— Madame, répondit la fillette, je pense que les fleurs rendront la maison plus gaie. Elles sont si gracieuses et elles sentent si bon ! Et puis, lorsque papa ou maman n'a pas pu venir avec nous à la campagne, je me dis qu'une petite attention fait toujours grand plaisir à ceux qui nous aiment. Alors je grossis mon bouquet, et les fleurs me semblent plus jolies. »

La maîtresse fut touchée de cette réponse et en remercia l'enfant. Puis, s'adressant à toutes les élèves, elle leur dit : « Je vous étonnerai peut-être en vous apprenant que votre premier devoir, et le plus difficile à remplir, est d'être toujours charmantes. »

Oh ! si vous aviez vu les grands yeux stupéfaits de toutes les fillettes ! Je comprends un peu le langage des yeux. Les regards de mes petites amies voulaient dire : « Ce ne serait pas bien d'être coquettes et vaniteuses ; mais enfin, Madame, il nous semble que nous sommes plutôt gentilles. Si notre devoir est de continuer à l'être, voilà un devoir qui ne sera pas bien difficile à remplir, quoi que vous en disiez. »

La maîtresse continua en souriant : « Je crains que vous ne m'ayez pas bien comprise. Etre charmante, c'est avant tout être bonne; c'est être serviable, modeste, patiente. Avouez que ce n'est pas toujours facile. On a ses jours de mauvaise humeur, on est lasse, on a ses petits ennuis ; il faut cacher tout cela pour ne pas attrister ceux qui vous entourent. Vos parents ont des soucis que vous ignorez; leurs peines sont autrement sérieuses que les vôtres. C'est à vous de leur adoucir la vie par vos soins affectueux, de leur donner courage par un peu de bonne humeur, par un sourire ou une chanson. Pour faire du bonheur autour de vous, il n'est pas besoin que vous soyez riches, ni jolies, ni spirituelles. Il suffit de bien aimer ceux qui vous aiment. Ressemblez à la violette, humble et douce, que son parfum fait découvrir sous les feuilles. Soyez les fleurs de la maison. »

Il ne me restait plus qu'à résumer ce que j'avais entendu. Je quittai donc l'école pour faire ma tâche; mais, avant de sortir, je remerciai vivement la maîtresse et les trois fillettes qui lui avaient répondu. S'il y a quelque chose de bon dans le petit poème que vous allez lire, c'est à elles, et non pas à moi, que vous le devrez.

PETITES FILLES [1]

I

Répondez-moi, petites filles,
Fraîches, proprettes et gentilles.
Je voudrais savoir à quoi vous songez,
Tandis que les fines aiguilles
Voltigent au bout de vos doigts légers ?

1. Ce poème est divisé en trois couplets, comprenant chacun : une question de cinq vers, une réponse de trois vers, et encore cinq vers qui complètent la réponse. Une grande fille (toujours la même) dira, à tous les couplets, les deux groupes de cinq vers; à chaque couplet une fillette différente récitera les trois vers de la réponse. Il faudra donc quatre élèves, une grande et trois petites, pour dire tout le poème.

— Parfois la paresse nous tente;
Mais nous pensons : « Il faut que maman soit contente;
Travaillons jusqu'à son retour. »

— C'est bien dit. Vous aussi, peut-être qu'un beau jour
Vous serez mères de famille.
Il faudra bien tirer l'aiguille
Pour vos chers petits, vos gentils poupons,
Vos bébés mignons.

II

Sur les cahiers aux blanches pages
Vous inclinez vos doux visages.
Je voudrais savoir à quoi vous songez,
Tandis que les plumes bien sages
Se hâtent sans bruit sous vos doigts légers?

— C'est moins amusant que de rire,
Nous disons-nous. Pourtant, il est bon de s'instruire;
Nul trésor ne vaut le savoir.

— C'est bien dit. Soignez donc chaque petit devoir,
Et chérissez votre maîtresse.
Payez-lui sa peine en tendresse.
« Enfants, dira-t-elle, ô mon cher souci,
Je vous aime aussi. »

III

Voici le temps où les fillettes
Cueillent au bois les violettes.
Je voudrais savoir à quoi vous songez,
Tandis que les humbles fleurettes
Deviennent bouquets sous vos doigts légers?

— Chacune rentrera fleurie ;
Nous dirons : « Petit père », ou bien : « Mère chérie,
Voici les fleurs de la saison. »

— C'est bien dit. Mais soyez les fleurs de la maison,
Aimables, modestes, charmantes.
On vous aime : soyez aimantes.
Pour fleurir la vie et la parfumer,
Il suffit d'aimer.

NOTES

Proprettes. C'est, vous le savez, le diminutif de « propre ». Le diminutif, comme son nom l'indique, diminue les choses : il les rend plus petites. Une *fillette* est une petite *fille*. Vous me direz peut-être : « Alors, quand on est *proprette*, on n'est pas tout à fait *propre?* on n'a qu'une petite propreté? » Si vous disiez cela, vous montreriez que vous êtes malignes ; mais cependant vous auriez tort de le dire. Suivez-moi bien. Ce qui est petit a souvent de la gentillesse, n'est-il pas vrai? Voyez, par exemple, un bébé, un petit chat, les souliers de votre poupée. Le diminutif peut donc servir à désigner quelque chose de gentil. La petite fille qui est proprette ne se contente pas d'être propre. Sans être recherchée dans sa mise, elle est soigneuse de sa personne ; elle est agréable à voir tout en étant parfaitement simple.

Les aiguilles voltigent ; la paresse nous tente ; les plumes sont bien sages. Voilà des façons de parler un peu singulières, car les aiguilles ne se remuent pas toutes seules et n'ont pas d'ailes pour voler ; la paresse n'est pas une personne qui puisse nous tenter en nous donnant de mauvais conseils ; les plumes ne sont pas responsables de ce qu'on leur fait faire et n'ont aucun mérite à écrire sans relâche. Mais tout ce qui est mêlé à notre vie nous paraît vivant. Ces manières de parler rendent le langage plus animé ; elles frappent l'esprit et restent dans le souvenir.

Nul trésor ne vaut le savoir. Je connais une personne très riche, qui n'est capable d'exercer aucun métier et qui n'a pas le goût de l'étude. Elle s'ennuie. Pour se distraire, elle fait mille sottises ; elle perd de l'argent au jeu et dépense follement sa fortune. Tôt ou tard elle s'en repentira. Lorsqu'elle n'aura plus rien, elle sera extrêmement misérable, ne connaissant aucun moyen de gagner sa vie. Mais, que vous soyez riche ou pauvre, l'instruction vous sera utile et vous permettra d'être utile aux autres. C'est un trésor que les voleurs ne pourront jamais vous ravir.

POUR LES PETITS GARÇONS

Chers amis, je suppose qu'en lisant ce titre : *Petites filles*, vous avez tourné les pages avec dédain, sans prendre la peine de lire ce qu'on leur disait, aux petites filles ! Vous êtes un peu trop portés à vous croire très supérieurs à ces pauvres petites, pourtant si gentilles et si douces. Eh bien ! vous avez tort. Vous ne leur êtes pas supérieurs ; et même, permettez-moi de vous le dire, vous leur devez le respect.

Le respect ! Voilà un bien grand mot ; et vous serez surpris de le trouver ici. Quoi ! les petits garçons doivent le respect aux petites filles !

Oui, vous leur devez le respect. Pourquoi? D'abord, parce qu'elles sont plus faibles que vous. Vous devez, à l'occasion, les protéger; leur parler toujours avec politesse; parfois leur céder votre place, vous gêner pour elles. Celui d'entre vous qui se montre brutal ou grossier envers une petite fille est un lâche : il abuse de sa force ; et il n'y a rien de plus honteux.

Vous leur devez le respect pour une autre raison. Il n'est personne au monde que chacun doive respecter autant que sa mère. Tenez ! vous, mon petit ami, vous qui semblez tout étonné de ce que je vous dis, si, devant vous, l'on frappait ou si l'on insultait votre mère, je suis sûr que vous en seriez indigné. Tout petit que vous êtes, vous tâcheriez de la défendre. Eh bien ! votre mère a commencé par être une petite fille ; et la petite fille qui passe auprès de vous sera plus tard une maman. S'il vous prend envie de lui faire des misères ou de lui dire une vilaine parole, pensez vite à votre mère. Figurez-vous que votre maman est encore toute petite et qu'un méchant gamin veut lui faire du mal. Ne soyez pas ce méchant gamin.

X

L'OISEAU

ARGUMENT

Pour rendre la vie plus heureuse à ceux qui nous entourent il suffit, disons-nous, de les aimer. Rien de plus vrai. Mais il faut bien s'entendre sur le sens du mot « aimer ». Il y a des façons d'aimer qui sont excellentes; il y en a qui ne valent rien.

Pierre aime Jacques de tout son cœur. Il le dit, au moins, et une chose bien certaine est qu'il ne peut se passer de lui. « Viens, fait-il, allons nous promener. » Jacques de répondre : « Je suis fatigué; un autre jour. » Mais Pierre ne l'entend pas de cette oreille-là : il insiste, et les voilà partis. Si l'on s'arrête pour jouer, Pierre choisit les jeux qui lui plaisent. Y a-t-il un cocher et un cheval? C'est toujours lui qui est le cocher; il se fait tirer ou traîner; il claque du fouet; il se rengorge. Autrement il serait de mauvaise humeur. S'il y a des noisettes ou des cerises à cueillir : « Jacques, dit-il, grimpe sur l'arbre! Moi, je tendrai mon tablier. »

Il est arrivé à Pierre d'entraîner son ami dans une lointaine excursion, bien que la mère de Jacques lui eût défendu de s'éloigner. Pierre a voulu absolument traverser un marais, d'où ils sont sortis à grand'peine, bourbeux et ne fleurant pas la violette. Au retour, la nuit les a surpris; ils ont eu peur; et, en rentrant, Jacques a été sévèrement puni. Mais Pierre n'a pas eu l'ennui de passer la journée tout seul.

Une autre fois, Pierre étant un peu enrhumé, Jacques est allé, avec le consentement de sa mère, se promener en compagnie de trois ou quatre camarades. Le lendemain, Pierre a été furieux. « Comment ! a-t-il dit, tu vas te promener sans moi, à présent ! Ah ! je vois bien que tu ne m'aimes pas ! Tu ne te plais qu'avec les autres ! Tu es un ingrat ! »

Il est certain que Jacques, à la fin, se lassera et enverra Pierre à tous les diables. Pierre en sera très malheureux. Car il ne ment pas en disant qu'il aime son ami. Il l'aime à sa façon ; mais cette façon-là est celle d'un égoïste. *Pierre ne sait pas aimer.*

Jean est tout autre. Il prouve son amitié à Paul en tâchant de lui être agréable. Il n'est point exigeant ni maussade ; il n'est pas jaloux lorsque Paul s'amuse avec d'autres. Il est arrivé à Jean, maintes fois, de partager son goûter avec Paul, dont les parents sont très pauvres ; mais Jean ne s'en est pas vanté. Jamais il ne donne un mauvais conseil à son ami ; lorsqu'il le reprend, c'est toujours avec douceur. En récompense, il a gagné l'affection de Paul, et il a le bonheur de le rendre heureux. *Jean sait aimer.*

De même qu'il y a diverses façons, bonnes ou mauvaises, d'aimer les personnes, de même il y a des façons très différentes d'aimer les oiseaux.

En voici une :

« L'alouette ne fait de mal à personne, si ce n'est à nos ennemis ; car elle détruit beaucoup d'insectes nuisibles. Pour sa peine elle mange de notre grain ; mais ce n'est pas en grande quantité. Elle est fort jolie et chante d'une voix merveilleuse, en s'élevant très haut dans l'air. Elle tient compagnie au laboureur et le divertit par sa chanson. Aussi j'aime beaucoup les alouettes. Lorsque j'en vois une marcher dans les champs à petits pas agiles, je la regarde avec grand plaisir, surtout si elle a une huppe sur la tête. Je ne voudrais pas lui faire de mal, ni l'effrayer, ni la mettre en cage. Une fois, j'en ai trouvé une, toute petite, encore incapable de se nourrir et de voler. Peut-être qu'on avait tué sa mère. Je l'ai bien soignée chez nous, lui donnant à manger des chenilles, des vers, des œufs de fourmis. Dès qu'elle a été grande et forte, je l'ai laissée partir. »

Voici une autre façon d'aimer :

« Les alouettes sont si mignonnes et elles chantent si bien que je ne me lasse ni de les regarder, ni de les écouter. J'en ai toujours une à la maison ; quand elle meurt, j'en achète une autre. Oh ! je soigne bien mes petites prisonnières ! Ce n'est peut-être pas très gai pour elles de vivre en cage; mais je les caresse, je les embrasse, je leur dis toute sorte de gentillesses..... Et puis, c'est si amusant de les voir et de les entendre! »

Avouez que cette façon d'aimer n'est pas tout à fait aussi bonne que la précédente. Mais il y en a une troisième qui doit déplaire tout particulièrement aux alouettes. Écoutez :

« Moi aussi, j'aime beaucoup les petits oiseaux. Leur chair est si délicate! Bardée de lard, rôtie à la broche et servie sur un croûton bien doré, une alouette est un régal exquis. Ah! je vous réponds que je les aime, les chères petites bêtes! J'en mangerais jusqu'à demain. »

Vous voyez comment un seul mot : « aimer », peut exprimer des sentiments qui ne se ressemblent guère.

Le petit garçon dont j'ai à vous parler n'est pas méchant du tout; mais il est un peu égoïste. Il pense d'abord à son propre plaisir. Aussi est-il fort joyeux de tenir dans sa main un joli oiseau dont il admirait depuis longtemps le doux ramage et le plumage doré.

Il croit aimer beaucoup le gracieux petit être qu'il serre entre ses doigts — qu'il serre même un peu fort — pour ne pas le laisser fuir. Et voici que l'oiseau ne chante plus; il se débat de toutes ses forces; son petit cœur palpite avec violence...

L'enfant, alors, est ému de pitié : faisant un effort sur lui-même, un effort dont il souffre, il renonce à son plaisir. « Va, dit-il, tu es libre. Je ne sais pas si je te reverrai jamais, et je serai bien triste sans toi; mais, avant tout, il faut que tu sois heureux. » Il ouvre sa main; l'oiseau s'échappe; et l'enfant a montré qu'il savait aimer.

Il est vrai que l'oiseau va revenir, de lui-même, chanter auprès de son nouvel ami; mais le petit garçon ne pouvait pas deviner cela. Il a donc tout le mérite de sa bonne action.

Vous direz peut-être que cette fin-là n'est pas vraie et que je l'ai inventée pour terminer l'histoire plus gaiement.

Qu'en savez-vous?

Certains animaux ne sont farouches que parce que nous les maltraitons; ils s'approchent sans crainte, lorsqu'on a su leur inspirer confiance. Dans notre chère Alsace, tenez, à Strasbourg, j'ai vu de gros nids de cigognes sur les maisons. Les hirondelles s'installent familièrement dans nos greniers. Pigeons et moineaux viennent becqueter leur nourriture dans une main amie. Lorsqu'il fait bien froid, le rouge-gorge frappe aux carreaux de la chaumière, pour qu'on le laisse entrer et se chauffer un peu.

Laissons les oiseaux pour revenir aux humains.

L'amitié vous donnera bien des joies et des consolations; mais, pour cela, il faut mériter que l'on vous aime. Renoncez à voir la personne qui vous plaît, plutôt que de manquer une occasion de lui rendre service. Elle reviendra toujours à vous, heureuse et reconnaissante, comme, dans notre histoire, le petit oiseau revient chanter sur la main de l'enfant.

L'OISEAU

Notre espiègle aux yeux clairs, rieur, mais point méchant,
Tient l'oiseau dont le gai plumage et le doux chant
Excitaient si fort son envie.
Qu'est-ce donc, à présent, qui le trouble en secret ?
Dans ses regards son âme ingénue apparaît,
Effrayée autant que ravie.

Le captif, bien serré, ne s'envolera pas.
L'enfant l'aime, pourtant. Il lui parle tout bas ;
Il le contemple avec tendresse.
Que les yeux noirs sont vifs, et le joli bec fin !
La tête est ronde, brusque et folle, exquise enfin :
La voyez-vous qui se redresse ?

Le flexible gosier du chanteur est muet,
Lorsqu'il ne s'en échappe un appel inquiet.
Où sont les roulades joyeuses ?
L'enfant, la joue en feu, caresse l'oiselet.
Que la douce tiédeur du petit corps lui plaît !
Comme les plumes sont soyeuses !

Mais celui qui riait tressaille : il a tremblé
De sentir sous ses doigts battre un cœur affolé.
« Tu vois bien, dit-il, que l'on joue ! »
Il tâche de calmer l'oiseau par un baiser ;
Il ne sait que lui dire et ne peut l'apaiser ;
Des larmes roulent sur sa joue.

« Ah ! pauvre petit cœur, dit-il, comme tu bats ! »
Dans sa pitié naïve il ne s'aperçoit pas
Que follement le sien palpite.
« S'il allait étouffer ? S'il mourait dans ma main ? »
Le petit cœur d'oiseau, le petit cœur humain,
C'est à qui battra le plus vite.

« Tu souffres ? dit l'enfant, qui desserre les doigts.
Dussé-je désormais n'entendre plus ta voix,
Va, cher mignon, ouvre tes ailes ! »
Plus de captif. L'oiseau s'envole et disparaît.
Sans doute il est allé, dans la verte forêt,
Voir les tendres feuilles nouvelles.

Tandis qu'il est heureux, l'autre, le cœur serré,
Songe aux yeux noirs si vifs, au plumage doré,
Surtout à la chanson qu'il aime.

Jamais il n'oubliera son fugitif ami....
Mais il rêve? Non pas : il n'est point endormi.
C'est bien l'oiseau, le sien, le même!

Le voilà qui descend vers l'enfant ébloui.
Librement il s'approche; il chante autour de lui;
Sur sa main tremblante il se pose.
L'enfant laisserait fuir un siècle en l'écoutant..
Son visage rieur, qui fut sombre un instant,
S'épanouït comme la rose.

NOTES

Le flexible gosier du chanteur. Une chose est *flexible* quand on peut la *fléchir*, c'est-à-dire la plier, sans trop d'efforts et sans qu'elle se rompe. L'osier est un bois très flexible. On peut dire aussi que le gosier d'un oiseau chanteur est flexible, parce qu'il semble se plier dans tous les sens pour produire une quantité de sons très différents, perçants ou graves, prolongés ou rapides.

Tu vois bien, dit-il, que l'on joue..... Par la façon dont vous direz cela, faites comprendre que l'enfant cherche à rassurer l'oiseau. Il lui parle avec gentillesse : « Voyons, mon pauvre petit, n'aie pas peur : je ne te ferai aucun mal. »

S'il allait étouffer ? S'il mourait dans ma main? Ici le petit garçon est tout effrayé ; il dit cela d'une voix presque tremblante.

Le voilà qui descend vers l'enfant ébloui. On est ébloui lorsque le jour frappe vos yeux au sortir d'un endroit obscur. On est d'abord gêné par cette lumière très vive ; mais, en même temps, on est ravi de voir clair. Notre petit garçon n'espérait plus revoir le bel oiseau ; en l'apercevant, il est comme ébloui. Sa joie est si vive qu'elle lui fait presque mal.

L'enfant laisserait fuir un siècle en l'écoutant... « Un siècle ! C'est bien long, direz-vous. Quoi ! notre petit ami écouterait l'oiseau, sans se lasser, pendant tout ce temps-là? » J'avoue que la remarque est judicieuse. Écoutez, pourtant, une histoire. Il y est question de moines, et tout le monde ne partage pas les idées des moines ; elle est d'ailleurs fort étrange ; mais, si vous n'y croyez pas, considérez-la comme une fable d'où il y a une leçon à tirer.

Il y a bien longtemps, bien longtemps, un jeune moine, appelé Théodule, se promenait, un jour, dans les bois qui entouraient son couvent. Il avait entendu, le matin, un sermon sur le Paradis. Le prédicateur avait essayé de faire comprendre le bonheur que l'on ressent à contempler la gloire de Dieu, à écouter la musique des anges, à voltiger d'étoile en étoile, à cueillir les fleurs du Ciel et à s'y divertir honnêtement avec ses amis. « Tout cela est bel et bon, pensait le moine ; mais il me semble qu'à la fin je m'ennuierais là-haut. Au bout de vingt ou trente ans, je me lasserais même, j'en suis sûr, d'entendre les séraphins jouer de la flûte et du violon. » Théodule se mit à rire, car il jugeait cette réflexion très spirituelle. Il se crut bien supérieur aux autres moines, qui n'étaient pas dégoûtés par avance des joies du Paradis.

Or, un oiseau chanta sur la cime d'un merisier en fleur. Son chant était si doux que Théodule cessa de penser au Ciel. Le petit chanteur s'envola en gazouillant, et le moine le suivit. D'arbre en arbre, l'oiseau allait toujours, se posant et chantant ; puis il s'envolait et se posait plus loin, et Théodule se hâtait pour ne rien perdre de sa chanson. La tête levée, la bouche ouverte, les mains jointes, il écoutait ce merveilleux langage, dont il ne comprenait pas le sens, mais dont la douceur le ravissait. L'oiseau l'entraîna par des fourrés presque impénétrables. Les églantiers lui égratignèrent la joue ; les ronces mirent sa robe en lambeaux. Il allait partout où il plaisait à l'oiseau de le conduire.

Il tomba dans une mare, d'où il eut grand'peine à se tirer. Puis, comme la chanson était devenue lointaine, il courut de toutes ses forces pour mieux l'entendre.

Il lui sembla que le jour s'obscurcissait. Un instant, même, il fit très sombre ; et tout s'éclaira de nouveau pour s'obscurcir encore. Mais il ne prêta aucune attention à ces brusques changements, qui se répétèrent un grand nombre de fois. Il allait, il allait toujours, les yeux brillants et l'oreille tendue, enjambant les buissons, sautant les fossés, se cognant aux arbres, tout couvert de mousse et tout hérissé d'épines...

Soudain l'oiseau cessa de chanter. Le moine crut s'éveiller d'un rêve. Avec bien de la peine, il retrouva le chemin du couvent. Il marchait d'un pas lent, la tête basse, comme accablé de fatigue. La nuit s'était faite, quand il heurta à la vieille porte de fer.

Le portier, qui dormait, s'éveilla de mauvaise humeur. Il se leva, ouvrit, et projeta la lueur de sa lanterne sur le visage du moine.

« Que voulez-vous? dit-il.

— Ce que je veux? Souper, prier, dormir. Je suis en retard. Le Supérieur va me gronder.

— Qui êtes-vous ?

— Qui je suis ? Belle demande ! Je suis le frère Théodule. Mais, au fait, je ne vous connais pas, vous. Où donc est le portier ?

— Le portier? Vous vous moquez de moi. Voilà douze ans que je suis portier ici.

— Douze ans ! Vous rêvez, mon frère.

— Ah! je rêve? C'est bien possible; mais je croirais plutôt que vous n'avez pas la tête solide. »

Voyant que la discussion pourrait se prolonger jusqu'au matin, le portier alla chercher le Supérieur du couvent, qui déclara n'avoir jamais vu frère Théodule. Théodule, de son côté, ne connaissait point le Supérieur. D'autres moines arrivèrent ; tous le prirent pour un fou. Mais, comme il semblait connaître à fond les usages du couvent et nommait diverses personnes qui, sûrement, y avaient appartenu, le Supérieur envoya quérir le plus vieux moine de la communauté. « Frère Prudent, dit-il, a près de quatre-vingt-dix ans; sa mémoire est prodigieuse. Il nous apprendra s'il y a jamais eu ici un frère Théodule. De toute façon, il faudra loger, pour la nuit, ce pauvre vieillard. »

Vieillard! ce mot fit tressaillir Théodule. Il saisit brusquement la lanterne du portier et courut vers un grand bénitier de marbre noir, tout rempli d'eau, qui se trouvait dans la cour à l'entrée de la chapelle. S'étant alors penché sur la surface liquide, tout en tenant la lanterne à la hauteur de son front, il aperçut dans l'eau, comme dans un miroir, un très vieux moine, affreusement ridé, dont la barbe était aussi blanche qu'un merisier en fleur.

« Oh ! dit-il, je suis donc un vieillard ! »

Frère Prudent venait d'arriver. Tous les moines firent cercle autour de lui.

« Voilà soixante ans, dit-il, que je fais partie de la communauté; jamais je n'ai connu ici de Théodule. Mais je me rappelle que nos anciens, lors de mon entrée au couvent, prononçaient parfois ce nom-là. Ils se rappelaient que, quarante années auparavant, un certain frère Théodule, étant allé se promener seul dans la forêt, n'en revint pas. On n'eut jamais de ses nouvelles. »

Alors frère Théodule comprit que sa promenade à travers les bois avait duré un siècle. Les jours et les nuits s'étaient succédé sans même qu'il s'en aperçût, tant la chanson de l'oiseau lui avait ravi le cœur !

« Mes frères, dit-il d'une voix faible, Dieu a permis que je revinsse au couvent pour y mourir. Couchez-moi sur un lit de paille ; j'y attendrai en paix mon heure suprême. Notre Père céleste me fera, je l'espère, la grâce de m'appeler à lui. Oh ! que cette pensée m'est douce ! Puisque le chant d'un petit oiseau a fait écouler pour moi cent années aussi vite qu'un jour de fête, comment pourrais-je me lasser jamais de goûter les saintes joies du Paradis ? »

Ayant ainsi parlé, frère Théodule expira.

Mes enfants, je ne garantis pas du tout l'authenticité de cette histoire, et je n'ai pas de renseignements particuliers sur les joies du Paradis; je sais, d'autre part, que beaucoup de braves gens font leur devoir sans attendre aucune récompense après la mort; mais mon récit vous aidera peut-être à comprendre que la durée du temps est chose toute relative, et qu'il peut nous sembler très long ou très court suivant les dispositions où nous sommes.

XI

MÉTEMPSYCOSE

ARGUMENT

Mé-tem-psy-co-se ! Vous avez bien lu. Métempsycose ! Voilà un mot assez rébarbatif. Mais rassurez-vous : c'est tout ce qu'il y a d'effrayant dans le petit poème qui porte ce titre.

Qu'est-ce donc que la métempsycose ?

C'est une croyance qu'ont eue des millions d'hommes, et que des millions d'hommes ont encore. Elle est très répandue dans l'Hindoustan, là-bas, au sud de l'Asie. Est-ce que cela ne vous intéresse pas, de connaître les croyances des hommes qui vivent loin de nous, mais qui sont des hommes tout comme nous ?

Eh bien ! d'après la croyance appelée métempsycose, tout individu, après sa mort, recommence à vivre dans un autre corps ; étant mort pour la seconde fois, il prend une troisième forme, puis une quatrième, et ainsi de suite. Ce n'est pas toujours une forme humaine. Il peut habiter un corps d'animal, devenir une plante, un rocher, ou n'importe quoi.

Mais pour quelle raison revient-il au monde sous une forme plutôt que sous une autre ? Cela dépend de la conduite qu'il a eue dans son existence précédente. S'il a été sage et bon, il renaît dans une condition meilleure. Par exemple, j'ai été un pauvre homme, peu intelligent, accablé de maladies ; mais j'ai fait de mon mieux sur la terre, j'ai travaillé autant que je le pouvais, et j'ai rendu de petits services aux uns et aux autres. Je renaîtrai plus robuste, l'esprit plus actif, capable de me rendre très utile à mes semblables. Si je continue à faire le bien, je m'élèverai un peu à chaque nouvelle existence, et il est probable qu'à la fin j'irai vivre dans un monde meilleur que celui-ci.

Au contraire, si je suis égoïste, menteur, cruel, je renaîtrai dans une condition misérable. En persistant à faire le mal, je deviendrai de plus en plus semblable à une brute. Je finirai par habiter le corps d'une bête ; peut-être deviendrai-je un végétal, ou même un caillou du chemin.

Une fois que je serai tombé là, pourrai-je remonter à une condition supérieure ? Il faut l'espérer. Je serai assez puni quand j'aurai passé un siècle ou deux dans les entrailles du globe, en qualité de minerai de fer, par exemple. Peut-être alors me permettra-t-on de m'élever à l'état d'ortie ou de chardon, ou même de gentille pâquerette, et, plus tard, de bête sauvage, puis d'animal domestique, et enfin de créature humaine.

Telle est, à peu près, la croyance que des millions d'hommes ont encore dans l'Inde. Rien ne prouve qu'elle soit vraie ; mais elle ne me semble pas déraisonnable. Ce qui l'a inspirée aux hommes d'autrefois, c'est un sentiment de justice. Ils ont voulu expliquer pourquoi de braves gens sont parfois si malheureux, tandis que l'on voit des coquins réussir, au moins pour un temps. Et ils sont arrivés à croire que l'on pouvait être puni ou récompensé pour des actions accomplies dans une autre existence.

Ils ont pensé aussi qu'un animal est digne de pitié, aussi bien qu'un homme. Voilà un malheureux cheval que l'on accable de coups. Peut-être, avant de devenir cheval, était-il un charretier qui maltraitait ses bêtes. Et le charretier qui le maltraite à présent pourrait bien, un jour, habiter aussi le corps d'un cheval. Alors il comprendra combien il fut inhumain, et il dira, dans son pauvre cœur de bête : « Ah ! si je redeviens charretier, je serai meilleur pour mes chevaux. »

Représentez-vous maintenant une jeune mère entourée de ses trois enfants. Elle va leur dire qu'elle a été ceci et cela, avant d'être une femme. Est-elle bien sûre de tout ce qu'elle va leur raconter ? Je ne le crois pas ; mais elle veut les amuser par une histoire, et, en même temps, leur donner une petite leçon.

Oh ! soyez tranquilles : elle ne leur dira pas qu'elle a été changée en pierre pour ses crimes d'autrefois. Elle est si bonne et si tendre! Si elle disait qu'elle a été méchante, même il y a mille ans, ses enfants ne la croiraient pas, et ils seraient capables de se fâcher contre elle !

Elle leur dira simplement : « J'ai d'abord été une pierre. Sachez-le bien, il faut aimer tout ce qui vous entoure. Même une pierre ne doit pas vous être indifférente. Le sol de notre pays est formé de terre et de roches; à certains moments, il nous dit : « Va, je te sens marcher au-dessus de moi. Défends-« moi bien, si l'on m'attaque. »

« Puis j'ai été une chose vivante et gracieuse : j'ai été une fleur. Soyez reconnaissants envers les moindres fleurettes. Dans nos affections, dans nos deuils, dans nos joies, elles parlent si bien pour nous ! Quelques fleurs offertes expriment ce que le cœur ressent, ce que la bouche ne sait pas dire.

« Ensuite, j'ai été une jolie petite bête, capable d'aimer ceux qui l'aimaient, une chèvre gentille qui rêvait tout en broutant sur la lande. Ne soyez cruels envers aucune sorte de bêtes ; mais traitez bien, surtout, les animaux domestiques. Ils nous rendent de précieux services ; ils sont pour nous, très souvent, des compagnons dévoués et affectueux. Regardez-les comme des amis.

« Me voici femme, à présent; me voici votre mère. Il faudra que je vous quitte un jour. Mais, comme je me suis élevée peu à peu, en passant d'une vie à une autre, ainsi je m'élèverai encore après vous avoir quittés. Il y a une partie de nous-mêmes qui ne meurt jamais : c'est l'esprit, l'esprit qui pense, qui aime et qui veut. Eh bien! après ma mort, je serai un esprit; je monterai vers quelque chose de très beau, de très doux, de très pur. Vous ne me verrez pas, mais je vous verrai; je vous protégerai de loin; et, longtemps après ma mort, vous me sentirez, à certaines heures, présente au milieu de vous. »

MÉTEMPSYCOSE

Dans un siècle déjà lointain,
Sur l'âpre coteau parfumé de thym,
J'ai bu les larmes du matin.

Par le bon soleil tiédie et dorée,
Je fus pierre : ne riez pas.
Le sol du pays frémit sous nos pas ;
La moindre pierre en est sacrée.

Il s'écoula plus de cent ans ;
Puis, au gai salut des merles chantants,
Je fleuris un jour de printemps.
La taille bien prise en mon vert corsage,
Je fus rose aux vives couleurs.
Aimez bien les fleurs, les plus humbles fleurs ;
Dites-leur bonjour au passage.

Longtemps après, je vous le dis,
La brande, pour moi, fut un Paradis
Égayé par mes bonds hardis.
Sous mes longs poils noirs, fière et non sans grâces,
Je fus chèvre : le saviez-vous?
Enfants, chérissez la bique aux yeux doux,
Dont le lait mousse dans vos tasses.

Je vous entends et je vous vois :
C'est que je suis née encore une fois,
Chers mignons à la tendre voix.
Maintenant mon âme est une âme humaine ;
Je suis femme pour mieux aimer.
O mes chers petits, je sais vous calmer,
Quand vos pauvres cœurs sont en peine.

Sans y penser on se fait vieux.
Je vous aimerai toujours de mon mieux ;
Puis vous me fermerez les yeux.

Mais bien vite, après mon heure dernière,
Esprit, je fuirai dans les vents;
Et, sans vous quitter du regard, enfants,
Je monterai vers la lumière.

NOTES

La moindre pierre en est sacrée. Une chose nous est *sacrée* quand elle a pour nous une valeur infinie; quand nous y pensons avec un très grand amour et un très grand respect; quand nous sommes prêts à lui sacrifier ce qui nous est utile ou agréable, et même, s'il le faut, à donner notre vie pour elle. Je vous citerai trois exemples.

Les païens d'autrefois disaient aux premiers chrétiens : « Adorez nos dieux, ou vous périrez dans les plus affreux supplices. » Les chrétiens croyaient en un seul Dieu. Ils ne voulurent pas renier leur foi, en adorant des dieux auxquels ils ne croyaient pas, et dont la religion leur semblait grossière et méprisable. Des milliers d'hommes et de femmes supportèrent d'épouvantables tortures avec un courage héroïque, pour ne pas renier une croyance qui leur était sacrée.

Lorsqu'un homme digne de ce nom a eu le malheur de perdre ses parents, il conserve toujours leur souvenir dans son cœur. Si l'on venait accuser faussement la mémoire de son père ou de sa mère, en prétendant que l'un ou l'autre a commis autrefois un crime ou une action honteuse, cet homme renoncerait à sa tranquillité et à tous les plaisirs de la vie, jusqu'à ce qu'il eût fait reconnaître l'innocence de ses parents. Leur mémoire est sacrée pour lui.

C'est la France qui, pour une large part, nous a faits ce que nous sommes. Nous parlons sa langue. Elle forme notre esprit et notre cœur par tous les beaux exemples de son histoire et par l'enseignement que nous recevons dans ses écoles. Pour qu'elle soit prospère, grande et forte, nous donnons, en payant l'impôt, une partie de notre argent; dans le service militaire, une partie de notre temps; et, pour la défendre, nous donnerions notre sang. La France est sacrée pour nous.

Maintenant vous comprendrez sans peine que, par manière de parler, on puisse dire qu'une pierre nous est sacrée. Elle l'est pour nous, par exemple, quand elle marque la place où nos chers parents reposent dans la terre. Elle l'est quand nous la défendons contre l'invasion étrangère. Combattre pour elle, c'est combattre pour la patrie.

Sans vous quitter du regard, enfants... Laissez-moi vous rapporter une touchante réponse faite par une fillette de quatre ans. Elle a eu le malheur de perdre sa mère. Heureusement, son père est encore là; et elle a de grandes sœurs, très bonnes, qui l'aiment, la soignent, l'élèvent de leur mieux. La famille habite Paris, tout en haut d'une grande maison, au sixième étage. Or, un soir d'été, au coucher du soleil, la petite fille s'attardait à la fenêtre avec ses sœurs. Le moment étant venu pour elle d'aller au lit, on ne put l'entraîner dans la chambre. Elle agitait toujours sa petite main en regardant les beaux nuages d'or qui allaient bientôt pâlir et s'éteindre. « Mais enfin, lui dit l'aînée de ses sœurs, qu'as-tu, ce soir ? Pourquoi ne veux-tu pas venir ? » Et l'enfant répondit : « Laisse-moi encore un peu. Si l'on ouvrait la porte du ciel, petite mère pourrait me voir. »

La réponse est bien naïve : nous savons que le ciel n'a pas de porte. C'est l'espace qui est devant nous à perte de vue. Mais elle n'a peut-être pas tort, cette enfant, de croire que sa maman la suit du regard et, de loin, continue à veiller sur elle. A coup sûr, la pensée de sa mère, toujours présente à son esprit, sera pour elle une sauvegarde et une bénédiction.

XII

LA MORT DE L'ANE

ARGUMENT

On rit souvent de l'âne. Pourquoi? Parce qu'il a de grandes oreilles? Je ne trouve pas qu'il y ait là rien de ridicule.

Lorsqu'il s'agit de petits garçons, les grandes oreilles ne sont peut-être pas une beauté. Cependant, si votre voisin les a un peu plus longues que vous, ne faites pas le fier pour cela, et gardez-vous bien de le railler. D'abord, ce serait peu charitable. Ensuite, il pourrait vous répondre : « Si j'ai de grandes oreilles, c'est pour mieux entendre en classe, et non pour écouter tes sottises. » Vous n'auriez rien à répliquer. Enfin, le petit homme peut grandir sans que ses oreilles s'allongent; elles finissent presque toujours par avoir une dimension très convenable. Le temps porte remède à bien des choses.

Quant à l'âne, ses oreilles sont faites pour être longues; soyez certains qu'il regarde leur longueur comme une beauté. Il a raison. Soit qu'elles se dressent comme les deux pointes du croissant argenté de la lune, soit qu'elles retombent gracieusement sur les côtés, elles sont l'ornement qui convient le mieux à une tête d'âne. Dame Nature en a jugé ainsi. Prétendez-vous en savoir plus qu'elle?

Je ne perdrai pas mon temps à vous démontrer que l'âne est fort loin d'être sot. Malheur à qui se comporte méchamment avec lui! L'espiègle animal trouvera bien, dans son sac, une bonne farce pour châtier le polisson. Il travaille dur lorsqu'il le faut, et nous devons lui en être reconnaissants. Mais, quand une occasion de rire se présente, il sait bien la saisir. Avec quelle joie, par exemple, il se roule sur le dos, dans l'herbe drue, les quatre fers en l'air!

Il faut n'avoir jamais regardé un âne, pour croire que cet animal est bête. Son regard est plein d'une douce résignation ; mais comme il devient, parfois, vif et malicieux !

Je n'en finirais pas, si je voulais détailler les mérites de l'âne.

Le pauvre vieux bonhomme de notre histoire aimait bien son âne, excellent serviteur qui, depuis vingt ans, portait au marché ses fruits et ses légumes. Jeanne, sa vieille femme, avait aussi une vive affection pour le baudet. Comme la maison était sans enfants, l'âne tenait compagnie aux deux vieillards. Il faisait presque partie de la famille.

Or, un jour d'hiver que le vieux paysan était allé faire des fagots, son âne, attaché à la lisière du bois, fut assailli par un loup, qui le dévora. Bien que le glouton fût à jeun depuis longtemps, il ne put avaler toute sa proie. Après s'être bien repu, il emporta ce qui restait de la bête, excepté quelques débris sanglants : la tête, une oreille, l'épine du dos avec un peu de chair autour, et les quatre pieds, tout blancs au-dessus des sabots.

Quand le vieillard revint, il ne trouva que ces pauvres restes, et il comprit que le loup avait passé par là.

A sa place, vous auriez eu, comme lui, un vif chagrin. Il pleura non seulement le serviteur utile, mais aussi le fidèle compagnon; et, avant d'emporter chez lui les débris de son âne, il leur adressa, comme vous allez voir, quelques paroles d'adieu.

LA MORT DE L'ANE [1]

Le bonhomme sortait du bois,
Lorsqu'il vit tout à coup la tête de son âne,
Qu'un loup avait mangé au bois.
« Ah ! que dira ma vieille Jeanne ?
C'est bien la tête de notre âne »,
Fit le bonhomme avec des larmes dans la voix.

1. Ce poème pourra être lu par un seul enfant, mais, si l'on préfère, il y aura deux récitants, un pour les couplets de 6 vers, un autre pour les couplets de 8 vers.

« Tête, dit-il, ah ! pauvre tête,
A l'avenir, c'est trop certain,
Tu ne chanteras plus, même les jours de fête,
Un Magnificat en latin.
Non, plus jamais tu n'iras paître,
Broutant l'herbe nouvelle ou croquant le chardon ;
Ton regard patient et bon
Ne cherchera plus ton vieux maître. »

Le bonhomme sortait du bois,
Lorsqu'il vit tout à coup l'oreille de son âne,
Qu'un loup avait mangé au bois.
« Ah ! que dira ma vieille Jeanne ?
C'est bien l'oreille de notre âne... »
Puis il la retourna longtemps entre ses doigts.

« Oreille, dit-il, pauvre oreille
Du vieux serviteur que j'aimais,
Seule, tu sembles dire : « Où donc est ma pareille ? »
Tu ne la reverras jamais.
Toutes les deux, longues et belles,
Vous ne vous laissiez point tous les jours caresser.
Mais c'est fini de vous dresser
Ou de flotter comme deux ailes. »

Le bonhomme sortait du bois,
Lorsqu'il vit tout à coup l'échine de son âne,
Qu'un loup avait mangé au bois.
« Ah ! que dira ma vieille Jeanne ?
C'est bien l'échine de notre âne.
Hier je l'enfourchai pour la dernière fois. »

« Échine, dit-il, pauvre échine,
Qui semblais fière de ta croix,
Tu portais nos paniers à la ville voisine,
Lorsqu'on s'y rendait tous les trois.
Parfois la vieille ou le bonhomme
S'écriait : « Pour son âge il va joliment bien ! »
Mais tu ne porteras plus rien,
Non, plus un chou, plus une pomme. »

Le bonhomme sortait du bois,
Lorsqu'il vit tout à coup les pieds blancs de son âne,
Qu'un loup avait mangé au bois.
« Ah ! que dira ma vieille Jeanne ?
Ce sont les pieds blancs de notre âne.
Ils trottèrent, vingt ans, leurs trente jours par mois. »

« Pauvres pieds, dit-il, pieds si lestes,
Bien chaussés de sabots mignons,
Vous fûtes jusqu'au bout des travailleurs modestes,
D'humbles et gentils compagnons.
Vous avez terminé vos courses ;
Vous ne trotterez plus vers la maison du vieux ;
Vous n'irez plus, à pas joyeux,
Vers la prairie ou vers les sources. »

Le bonhomme sortit du bois,
Seul et triste, emportant les débris de son âne,
Qu'un loup avait mangé au bois.
« Ah ! que dira ma vieille Jeanne? »
Et, parlant toujours de son âne,
Le pauvre vieux avait des larmes dans la voix.

NOTES

Qu'un loup avait mangé au bois. C'est une excellente chose, de faire des liaisons, surtout lorsqu'on récite des vers; mais il faut s'en abstenir lorsqu'elles ont quelque chose de bizarre ou de désagréable. Personne, je suppose, ne s'aviserait de prononcer : Qu'un *loupe* avait mangé au bois.

Un Magnificat en latin. Le *Magnificat* est un très beau chant d'église, qui commence par une note élevée. Comme notre bonhomme ne sait pas un mot de latin, tout ce qu'il ne comprend pas est du latin pour lui. Or, il ne comprend pas le langage des ânes; c'est pourquoi les ânes lui font l'effet de braire en latin. De plus, le chant d'un baudet commence par une note très élevée, et cela fait songer le bonhomme au Magnificat.

Il faut dire : *Mag-ni-fi-cat*, en donnant au *g* le son dur, et en prononçant le *t* final.

Vous ne vous laissiez point tous les jours caresser. L'âne a les oreilles sensibles, et il n'aime pas qu'on y touche. Il ne se laisse faire que s'il est de très bonne humeur.

Pauvre échine, qui semblais fière de ta croix. Vous savez que les ânes ont une croix noire bien dessinée sur le dos. On raconte à ce sujet une jolie légende.

Il y a environ dix-neuf siècles (ceci n'est pas de la légende, mais de l'histoire vraie), Jésus de Nazareth s'en allait de bourgade en bourgade, disant aux hommes : « Aimez-vous les uns les autres », enseignant la bonté par son exemple, consolant les affligés et laissant les petits enfants s'approcher pour l'entendre. Il avait pourtant des ennemis : c'étaient les méchants et les hypocrites, à qui il faisait honte de leur dureté ou de leurs mensonges. Ils résolurent de le tuer, et, comme vous le savez, ils le firent périr en l'attachant sur une croix.

Or, quelques jours avant sa mort, il se rendit à Jérusalem, où son supplice eut lieu. Mais ses ennemis n'osèrent pas s'emparer de lui dès son entrée dans la ville. Le peuple, au contraire, se porta en foule à sa rencontre, l'acclamant et agitant des branches vertes. Jésus n'entra point à Jérusalem sur un superbe cheval; il avait choisi pour monture une pauvre ânesse.

Maintenant voici la légende.

On dit qu'avant l'entrée de Jésus à Jérusalem les ânes n'avaient point de croix sur le dos. Lorsqu'il fut descendu de son humble monture, on aperçut une croix noire bien tracée sur le dos gris de l'ânesse; et le même ornement, depuis lors, est visible sur l'échine de tous les ânes, de toutes les ânesses et de tous les petits ânons.

Vous n'êtes pas forcés de croire à cette légende. Pour moi, j'imagine que les ânes ont dû être, avant l'entrée de Jésus à Jérusalem, tout semblables à ce qu'ils sont aujourd'hui; car on ne voit guère, dans la nature, les choses se transformer brusquement. Mais, si les ânes ont entendu raconter la légende, il n'est pas surprenant qu'ils soient fiers d'avoir une croix sur l'échine.

Pieds si lestes, bien chaussés de sabots mignons. Les pieds de l'âne supportent bien des fatigues; mais, en les voyant trotter, n'admirez-vous pas leur gentillesse? Petits pieds et jambes fines font un joli contraste avec l'ampleur des oreilles.

XIII

LE RETOUR DU SOLDAT

ARGUMENT

L'histoire que je vous conterai remonte au temps du roi Louis. Quel roi Louis? Car il y en a eu beaucoup. Ce sera Louis XIV ou Louis XV, ou, si vous préférez, Louis XVI. Choisissez.

En ce temps-là, mes amis, l'état militaire était un métier comme un autre. On se faisait soldat pour vivre ou par goût. Aujourd'hui, vous le savez, chacun est astreint au service pendant le temps indispensable à son instruction militaire; en cas de guerre, on appellerait sous les drapeaux tous les citoyens valides. Pour tous les Français, jeunes hommes ou hommes faits, ce serait un déshonneur de ne point concourir, selon leurs forces, à la défense de la patrie.

Bien d'autres changements distinguent notre siècle des époques précédentes. Tous les enfants, aujourd'hui, vont à l'école: il n'en était pas de même autrefois. Beaucoup de soldats ne savaient ni lire ni écrire; leurs parents étaient souvent dans le même cas. En de pareilles conditions, il est malaisé, n'est-ce pas? de correspondre. De plus, il n'y avait alors ni chemins de fer ni télégraphes, ce qui ajoutait à la difficulté des communications. Aussi, lorsqu'on était en guerre et que le fils, au loin, faisait campagne, les vieux parents pouvaient rester bien des années sans recevoir de ses nouvelles; et si le fils, enfin, rentrait au pays, il s'en approchait le cœur serré, avec la crainte de ne plus trouver en vie son père ou sa mère. Lorsque la vieille maman était encore là, on tâchait de la préparer à recevoir son enfant, afin qu'une joie trop vive ne la tuât point.

Celui qui n'était pas riche avait bien des fatigues à endurer ; car, le plus souvent, il voyageait à pied, sur d'interminables routes. Il lui arrivait parfois de rencontrer de méchants voleurs bien résolus à l'assommer pour lui ravir sa pauvre épargne, ou, comme on dit, son petit pécule.

Il faut avouer, du reste, que pareille chose arrive bien encore de temps à autre. La société où nous vivons est meilleure que celle d'autrefois ; mais elle est fort loin d'être parfaite. Il ne faut pas oublier cela, afin que nous soyons modestes et que nous tâchions de faire mieux en toute chose.

Maintenant, je vais vous conter le Retour du Soldat.

LE RETOUR DU SOLDAT

1

Quatorze ans il a fait la guerre
Au service du roi Louis.
Il veut, dans sa vieille chaumière,
Vivre entre son père et sa mère :
Il prend le chemin du pays.

2

Il souffre, en marchant, des blessures
Qu'il reçut dans tous ses combats.
Ses pieds gonflent dans ses chaussures ;
Mais les routes ne sont point sûres :
Il va toujours, marquant le pas.

3

Or, trois larrons, au crépuscule,
En criant l'arrêtent soudain.
Ils veulent son maigre pécule.
Cerné par eux, l'homme recule,
Tout en jouant de son gourdin.

4

Mais, à lui seul, que peut-il faire?
Ils sont trois pour le terrasser.
La tête en sang, il roule à terre.
Profitant du lieu solitaire,
Ils le fouillent sans se presser.

5

Ils se sauvent avec sa bourse,
Le laissant en piteux état.
Près de là coulait une source;
Il s'y lave et reprend sa course,
Léger d'argent. Pauvre soldat!

6

Voici l'église du village,
L'humble chaumière et son enclos,
Et les maisons du voisinage.
En se rappelant son jeune âge,
Il éclate presque en sanglots.

7

Il travaillait avec le père,
Semant le grain ou moissonnant.
Puis il partit et fit la guerre.
Les pauvres vieux ne songent guère
Qu'il est tout près d'eux maintenant...

8

Il regarde par la fenêtre
Sa bonne mère en cheveux blancs.

Il a bien su la reconnaître.
Tout en songeant : « Où peut-il être? »
Elle coud de ses doigts tremblants.

9

La joie est quelquefois mortelle :
Il n'ose point crier : « C'est moi ! »
Il frappe enfin. « Ouvrez », dit-elle.
Le voici debout devant elle,
Qui le regarde avec effroi.

10

« Ne craignez rien, dit-il bien vite.
Je suis soldat; je viens de loin.
Je bénis celui qui m'invite.
Écuelle de soupe et bon gîte,
Ah ! ce soir, j'en ai grand besoin. »

11

Elle se tait, la pauvre mère,
Bien qu'elle ait le cœur attendri.
Leur gêne est presque la misère :
Elle ne voudrait pas déplaire
Au maître absent, son vieux mari.

12

Elle se dit : « Je peux, sans faute,
Offrir ma part de soupe aux choux,
Mais non pas héberger un hôte. »
Puis elle reprend à voix haute :
« Je voudrais bien ; mais, voyez-vous... »

13

« Ah ! dit le soldat, je vous gêne ?
Mille pardons. Si j'avais su...
Voilà dix jours que je me traîne.
Votre mari, voyant ma peine,
M'aurait peut-être mieux reçu. »

14

La vieille femme en devient pâle.
« Ah ! pense-t-elle, si c'était... »
L'étranger est tout noir de hâle :
Devant ce visage si mâle
Elle hésite, tremble et se tait.

15

« Allons, je me remets en route,
Fait le soldat. Excusez-moi.
J'irai plus loin casser ma croûte.
Vous n'avez jamais eu, sans doute,
Un fils au service du roi. »

16

« Si, dit-elle, si ! J'ai mon Pierre
Au service du roi Louis.
Restez une journée entière ;
Et puisse votre bonne mère
Bientôt vous revoir au pays ! »

17

Il la regarde avec tendresse :
Elle comprend. « Ah ! c'est donc toi ! »

Sur son vieux cœur elle le presse,
Et, tout en larmes, le caresse.
« Oui, ma mère, dit-il, c'est moi ! »

18

Las d'avoir fauché la prairie
(Car il est loin de ses vingt ans),
Le père, alors, entre et s'écrie :
« Tu l'as enfin, vieille Marie !... »
Tous les trois s'embrassent longtemps.

19

« Qu'as-tu gagné ? reprend le père.
— Rien ! dit le fils. Que voulez-vous ?
C'est un dur métier que la guerre...
Mais je ferai le nécessaire
Pour que vos derniers jours soient doux. »

20

C'est l'heure de se mettre à table ;
Tous les trois ont le cœur joyeux.
Le souper n'est point délectable ;
Mais un cochon grogne à l'étable :
Demain soir on mangera mieux.

21

La vieille apporte la soupière ;
Le bonhomme taille son pain ;
Et l'on boit au retour de Pierre,
Qui sent glisser de sa paupière
Une ou deux larmes dans son vin.

NOTES

Voici quelques indications sur la manière dont il faut réciter le poème.

Il est écrit en petites strophes de cinq vers. Marquez un léger temps d'arrêt entre chaque strophe et la suivante. Prononcez distinctement et n'allez pas trop vite.

Dites les deux premières strophes avec la plus grande simplicité. Du reste, il faut que votre diction soit toujours très simple; mais, à certains passages du récit, vous devrez faire sentir que vous êtes ému. C'est le seul moyen d'émouvoir les autres. Vous penserez bien au pauvre soldat, absent depuis tant d'années; à ses vieux parents, qui ne savent pas s'ils le reverront avant de mourir.

3° strophe. Appuyez un peu sur le mot *maigre* à ce passage : *Ils veulent son maigre pécule.* C'était bien la peine de l'attaquer pour si peu de chose!

4° *La tête en sang, il roule à terre.* Dites cela avec assez de force, et comme si vous aviez sous les yeux ce douloureux spectacle. Finissez la strophe *tranquillement.*

5° *Pauvre soldat !* Marquez un temps d'arrêt avant ces deux mots, et dites-les avec une pitié affectueuse.

6° *Voici l'église...* Vous pourrez dire les trois premiers vers en tournant un peu la tête à droite et à gauche, comme si vous reconnaissiez les choses dont vous parlez. Faites cela lentement et très discrètement, ou ne le faites pas du tout.

7° Dites avec tendresse : *les pauvres vieux.*

8° Tendrement aussi toute la 8° strophe. On pourrait hocher un peu la tête à ce passage : *Il a bien su la reconnaître.* C'est comme si vous disiez : « Il l'a bien reconnue, allez! quoiqu'il ne l'eût pas vue depuis si longtemps. » Songez bien que c'est une bonne vieille maman qui dit : *Où peut-il être?* et récitez plus lentement le dernier vers de la strophe.

9° Un temps d'arrêt avant : *Ouvrez.* Dites ce mot d'une voix très douce.

10° Récitez cette strophe un peu plus vite.

11° *Leur gêne est presque la misère.* Ce vers explique pourquoi la vieille femme hésite à donner l'hospitalité au soldat. Il faut le dire avec timidité, comme une excuse.

12° Cela doit être encore plus marqué à ce passage : *Je voudrais bien; mais, voyez-vous...* Il y a de l'hésitation presque à chaque mot, et la voix reste suspendue. La vieille femme n'a pas achevé sa pensée. Elle n'ose dire : « Je ne peux pas vous loger. »

13° Cette hésitation est toute naturelle : le ménage est pauvre, et la femme craint de déplaire à son mari. Le soldat voit bien, du reste, que sa mère ne le reconnaît pas. Peut-être espérait-il être reconnu plus vite? Il parle donc avec une tristesse où se mêle un peu de reproche, mais sans dureté.

14° La mère est toute troublée; il faut que vous exprimiez ce trouble. Son cœur bat très fort, tandis qu'elle pense : « Ah! si c'était lui! » Puis elle regarde attentivement le soldat au teint bronzé. Non, malgré tous ses efforts, elle ne peut reconnaître en lui son enfant, qui est parti tout jeune, n'ayant point de moustache encore, les joues fraîches et le front sans rides. Au dernier vers, marquez deux petits temps d'arrêt : *Elle hésite... tremble... et se tait.*

15° Le soldat fait comme celui qui reprend courage après une déception. Mais, en disant les derniers vers : *Vous n'avez jamais eu...*, sa voix tremble un peu et l'on sent qu'il a de la peine à retenir ses larmes. Indiquez cela sans exagérer.

16° La vieille mère est profondément touchée. Elle n'a pas reconnu son fils, mais elle se dit : « Peut-être qu'en ce moment il demande, comme ce soldat, une hospitalité qu'on hésite à lui accorder..... » Aussi répond-elle avec un peu de hâte. Elle s'attendrit surtout en disant : *Votre bonne mère.*

17° *Il la regarde avec tendresse : Elle comprend.* Dites cela très simplement, mais tâchez d'y mettre tout votre cœur. A une certaine façon dont le soldat la regarde, elle est sûre, maintenant, que son fils est devant elle, et elle laisse échapper un cri : « *Ah ! c'est donc toi!* » Elle l'embrasse et lui caresse les joues comme s'il était encore un tout petit enfant. Ils pleurent tous les deux.

18° Prenez un ton plus haut et plus tranquille. Dès qu'il a poussé la porte, le vieux père comprend tout. Il ne veut pas se laisser trop attendrir ; et c'est d'une voix joyeuse, un peu tremblante, malgré tout, qu'il s'écrie : « Eh bien! le voilà! tu l'as enfin, ton fils, tu l'as, ma pauvre vieille femme! » Un petit temps d'arrêt avant de dire le dernier vers de la strophe.

19° Le père est un homme pratique : il veut savoir si le fils a fait ses affaires. Pour ne pas attrister ses parents, le soldat ne leur dit pas qu'il a failli être assommé par des larrons. Il avoue seulement qu'il revient les mains vides. Il faut une grande simplicité pour rendre cette petite conversation. Dites le dernier vers affectueusement.

20° Beaucoup de gaieté.

21° Redoublez d'entrain et parlez haut; mais vous direz les deux derniers vers moins vite, avec moins de force et plus d'émotion : une ou deux larmes tombent dans le verre du soldat.

XIV

LE PÈRE

ARGUMENT

Les deux récits qui terminent ce petit livre sont historiques.

Par ordre de la Convention nationale, les faits qui y sont racontés furent portés à la connaissance de toutes les communes de France, avec d'autres faits également dignes d'admiration. L'illustre Assemblée républicaine pensait avec raison que, pour exciter un généreux amour du bien dans les cœurs, pour susciter les vertus qui font l'homme et le citoyen, rien ne vaut un exemple, surtout lorsqu'il vient de se produire, lorsqu'il est attesté par de nombreux témoins et ne peut être mis en doute.

Aussi, toutes les fois qu'une belle action venait d'être accomplie en des conditions frappantes, soit aux armées, soit dans la vie civile, la Convention voulait qu'elle fût connue dans les moindres villages, et particulièrement dans les écoles. A ce moment, l'instruction n'était pas gratuite et obligatoire, comme elle l'est devenue un siècle plus tard; les élus du peuple, tout en comprenant bien à quel point elle est nécessaire à tous [1], n'eurent pas la possibilité d'accomplir, en peu d'années, toutes les grandes choses qu'ils avaient conçues; mais, du moins, partout où il y avait une école, ils mirent sous les yeux des enfants les plus nobles exemples fournis par l'époque.

1. Vous devez connaître cette parole de Danton, inscrite sur le monument qu'on lui a élevé à Paris : « Après le pain, l'instruction est le premier besoin du peuple. »

Vous raconter des actions qui excitèrent alors l'admiration des écoliers, c'est donc renouer une belle tradition républicaine.

Mais il est temps d'aborder le sujet de nos récits.

En vous parlant des Gaulois, nos ancêtres, je vous montrais leurs tribus se ruant, comme un fleuve débordé, à travers l'Europe et jusqu'en Asie. Souvent, au cours de notre histoire, l'impétueux élan de notre race française l'a emportée loin du pays natal. Ce n'est pas en peu de mots que l'on pourrait dire dans quelle mesure ces expéditions furent légitimes, ou ce qu'il serait juste d'en blâmer. Mais une fois, tout au moins, en se répandant ainsi sur le monde, notre nation a su, malgré les fureurs de la guerre, exciter la sympathie des peuples et les gagner à ses nobles idées.

Ce fut, précisément, à l'époque de la grande Révolution, il y a un peu plus de cent ans.

A ce moment-là, vous le savez, le peuple français avait décidé qu'il se gouvernerait à sa façon, comme un peuple libre, et que la loi serait la même pour tous les citoyens. Il souhaitait ardemment que la concorde régnât, non seulement parmi les Français, mais entre tous les hommes; il voulait que, sur la terre entière, il y eût plus de liberté, plus de justice, plus de fraternité...

Ceci déplut à ceux qui gouvernaient les autres nations. La France fut envahie. Elle se défendit victorieusement, rejeta l'étranger hors de son territoire, se répandit chez les peuples voisins, puis jusqu'en Syrie et en Égypte. Partout, sur son passage, elle laissa quelque chose de son esprit, de ses idées, de son enthousiasme.

Si les hommes de l'avenir sont meilleurs et plus heureux que ceux du passé, ils le devront à la France pour une très large part.

Oui, ce fut une chose unique dans l'histoire, que la défense de notre patrie aux plus terribles heures de la Révolution. Jamais peuple n'avait été soulevé par un élan aussi extraordinaire. Tout le monde comprit alors que chaque citoyen appartient tout entier à la patrie. Avant que la loi fît à tous les hommes valides une obligation de servir sous les drapeaux, des milliers de braves accoururent à l'appel de la France menacée. Les quatre jeunes gens dont il va être question partirent, en 1792, comme volontaires.

On pourrait citer, de cette époque, bien des traits de bravoure faits pour étonner l'imagination. Je préfère, en ce moment, vous montrer, par l'exemple d'un vieillard donnant ses quatre fils à la France, l'esprit de dévouement qui animait le peuple entier. Rappelez-vous qu'il se produisit alors des milliers de faits semblables..

Ce vieillard était veuf; il était pauvre : le départ de ses fils le privait de toutes ses affections en même temps que d'un secours très utile. Donner à la patrie les deux aînés, il y avait pensé lui-même; mais, les voir partir tous les quatre...

Plus tard, petits écoliers, quand vous serez pères, vous sentirez combien un tel sacrifice peut être douloureux.

LE PÈRE

La Patrie était en danger.
L'émigré s'alliait contre elle à l'étranger.
Les trois couleurs, pures et fières,
Entraînaient nos soldats pour la première fois,
Et, d'une formidable voix,
La France criait : « Aux frontières ! »

Or, un citoyen pauvre et vieux
Avait quatre grands fils. Un jour, l'air soucieux,
Les deux aînés lui dirent : « Père,
Écoutez-nous. » Mais lui, qui les a devinés :
« Partez, dit-il, mes deux aînés ;
Car j'approuve une juste guerre. »

Il va les presser dans ses bras,
Lorsque le plus âgé dit avec embarras :
« Nous voudrions partir ensemble ;

Tous les quatre, mon père. » Il tressaille. Un instant,
Le cœur serré, pâle, hésitant,
Il ne dit rien ; sa lèvre tremble.

« Je serai bien seul désormais...
Fils, vous étiez ma joie et tout ce que j'aimais,
Depuis que votre mère est morte.
Si la France, pourtant, à tous vous a parlé,
Soit, quittez-moi. Je suis troublé...
Mais la Patrie est la plus forte. »

Le départ a lieu dans trois jours ;
Trois jours bientôt passés ! Au fracas des tambours,
Il arrive à la place d'armes.
Ses quatre enfants sont là, graves, sur un seul rang.
« Adieu, mes fils ! adieu, mon sang ! »
Dit-il en refoulant ses larmes.

En avant, soldats ! En avant !
Le clairon sonne ; on part ; le drapeau flotte au vent.
Le vieillard reste sur la place,
Disant : « Comme ils vont vite ! » Il aperçoit, là-bas,
Le drapeau qui vole aux combats ;
Les pleurs ruissellent sur sa face.

Tous ont pitié, grands et petits.
« Sans doute, lui dit-on, vos enfants sont partis
A la frontière ? — Oui, tous les quatre.
Mais, reprend le vieillard en essuyant ses yeux,
Si je pleure, c'est d'être vieux,
Lorsque les jeunes vont se battre ! »

NOTES

Les deux aînés lui dirent : Père... Ils parlent d'une voix timide et un peu basse. Le vieillard, au contraire, répond avec chaleur.

Nous voudrions partir ensemble... Il faut, ici, un court silence avant de dire : *Tous les quatre.*

Je serai bien seul... Il y a toujours, vous le savez, un petit intervalle entre la fin d'une strophe et le début de la suivante. Cet intervalle, avant les mots : *Je serai bien seul*, est plus marqué que d'habitude : le vieillard a pris sa résolution. Ne soyez pas surpris qu'il ait hésité, et surtout ne l'en blâmez pas : sa profonde tendresse pour ses fils rend plus noble encore le sacrifice qu'il accomplit en les donnant tous à la patrie. Il commence d'une voix lente, que l'émotion fait *presque* trembler. Mais, à partir de : *Si la France...*, sa parole devient énergique, brève, un peu hachée.

Adieu, mes fils ! adieu, mon sang ! Ceci n'est point larmoyé ; le vieillard maîtrise son émotion; mais il parle avec tout son cœur.

Mon sang. On voit bien que le sang du père a passé dans les veines de ses fils. Il leur a transmis ses fiers sentiments.

En avant, soldats !... Beaucoup d'entrain aux deux premiers vers. C'est d'une voix faible que le père, seul maintenant, dira : *Comme ils vont vite !*

Oui, tous les quatre... Dites cela fortement; puis, un léger temps d'arrêt, et finissez avec une énergie presque sauvage. Comprenez bien les sentiments du père. Le voici tout en larmes après le départ de ses fils. Son chagrin de ne plus les voir y est pour beaucoup; mais va-t-il l'avouer devant tous ? Non. Il ne veut pas donner l'exemple de la faiblesse ; et, par une fière pudeur, il tient à garder sa douleur pour lui seul. Qui l'en blâmerait? Pourtant, il aurait tort de faire un mensonge ; mais nous savons bien que, s'il le pouvait, il partirait lui-même, et qu'il ne ment pas en s'écriant :

Si je pleure, c'est d'être vieux,
Lorsque les jeunes vont se battre !

XV

BARRA

ARGUMENT

Le jeune Barra, dont vous connaissez l'histoire, mourut pour la liberté. Il s'était donné à la France. Si on l'eût envoyé aux armées du Rhin, et qu'il y fût tombé dans une bataille, nous dirions : Barra est mort pour la patrie. On l'envoya en Vendée, où la population s'était soulevée contre le gouvernement de la République. Massacré par des mains françaises, il y mourut pour la sainte cause de la liberté.

Ce mot appelle une petite explication.

Il ne faudrait pas croire qu'avant la Révolution les Français fussent des esclaves tremblant devant un maître. Le roi ne faisait pas toujours son bon plaisir, et les gens de cœur savaient garder avec lui leur franc parler. On le vit bien, par exemple, lorsque, dans plusieurs villes, des hommes courageux refusèrent d'exécuter les abominables massacres ordonnés par Charles IX, au lendemain de la Saint-Barthélemy.

Il faut reconnaître aussi qu'il y eut de bons rois comme il y en eut de mauvais, et que la monarchie travailla, bien que par des moyens souvent condamnables, à faire l'unité, la force, la grandeur de la France.

Enfin, beaucoup de gens croyaient sincèrement que les rois sont les représentants de Dieu sur la terre, que le peuple est incapable de se gouverner lui-même et que, si on lui confiait le pouvoir, il n'en résulterait que violence, désordre et misère.

Les hommes de la Révolution pensaient, au contraire, que

le peuple est le seul vrai souverain, qu'il est capable d'exercer le pouvoir, et que tous les citoyens doivent s'occuper des affaires du pays, soit par eux-mêmes, soit par leurs représentants.

Ils ont donné au peuple français la liberté.

Est-ce un bien? Est-ce un mal? C'est assurément un grand bien, parce que la dignité d'un peuple est d'être libre. Ce qui distingue l'homme de l'animal, c'est d'agir selon sa raison et sa conscience; et, pour cela, il faut qu'il soit libre.

Mais la liberté a ses périls. Celui qui dirige doit être raisonnable; et il faut que tout le monde le soit, lorsque chacun a sa part de responsabilité dans le gouvernement du pays. Peut-être vaudrait-il encore mieux ressembler à un troupeau de moutons obéissant au berger ou à ses chiens, que d'être un peuple libre, mais sans cervelle, sans vertu, sans honneur. Un tel peuple, du reste, étant incapable de se conduire, aurait bientôt la honte de tomber au pouvoir d'un maître.

La liberté ne porte pas ses fruits comme une plante sauvage, qui donne spontanément les siens, mais comme un champ fécondé par le travail de l'homme.

Revenons à la Vendée.

Attachée à ses vieilles coutumes, elle rejetait la liberté et se battait pour le roi, l'ancien régime, les classes privilégiées. Les gens du pays, en outre, se souciaient fort peu d'aller aux frontières de l'Est, si éloignées de chez eux, pour défendre la France envahie. Non pas qu'ils ne fussent point braves; ils montrèrent bien qu'ils l'étaient, en faisant une rude guerre aux soldats de la République. Mais, avant la Révolution, on ne comprenait pas, toujours et partout, le devoir envers la patrie comme on le comprend aujourd'hui; et la Vendée ne s'était point laissé pénétrer par les idées nouvelles.

La guerre fut longue et difficile. Vous savez que le général Hoche eut la gloire de la finir, et qu'en se montrant généreux il pacifia la Vendée.

Vous admirez tous, et vous avez bien raison, la mort héroïque de Barra. Combien une vie si courte, mais si belle, est préférable à une longue et inutile existence! Tout le monde ne peut pas être Barra; mais chacun, prenant exemple sur lui, peut grandir en courage et, l'instant venu, faire noblement son devoir.

BARRA

Écoutez l'histoire d'un brave
Qui s'est donné tout jeune à la France en péril.
Son visage est charmant et grave :
Treize ans! mais son cœur est viril.
Petit hussard de mine altière,
Au galop, sabre au clair, il charge et n'a point peur.
Pourtant, lorsqu'il écrit, tendre, à sa bonne mère,
Il a des sanglots plein le cœur.

On luttait alors en Vendée
Avec de rudes gas, de hardis paysans.
Ils tenaient pour la vieille idée ;
C'étaient, malgré tout, des vaillants...
Un jour, menant des chevaux boire,
L'enfant, seul, est cerné par quinze ou vingt d'entre eux.
« Tes chevaux ! — Non. — Rends-les ! — Non. » Ils n'y peuvent
Barra voit sa mort dans leurs yeux.

Mais pourquoi donc ces fanatiques,
Prêts à frapper, ont-ils brusquement reculé?
Les faux, les sabres et les piques
Devant sa faiblesse ont tremblé...
Un gas fameux par ses tueries,
Haut de six pieds, lui dit : « J'ai trop pitié de toi.
Tiens, on te laissera t'en aller, si tu cries,
Là, devant nous : « Vive le roi ! »

Il pensa bien vite à sa mère,
A sa mère chérie avec un tendre amour,
Pauvre femme anxieuse et fière,
Qui songe aux baisers du retour...

Puis, soudain, l'enfant héroïque,
Un éclair dans ses yeux candides et si doux,
Crie aussi fort qu'il peut : « Vive la République ! »
Et tombe sanglant sous leurs coups.

Petit hussard à l'âme grande,
Devant toi se levaient des jours pleins de clarté ;
Tu voulus en faire l'offrande
A la divine Liberté.
O noble enfant, digne d'envie,
Ardemment, comme toi, nous voulons la chérir.
S'il lui faut notre sang, s'il lui faut notre vie,
Sois notre exemple pour mourir !

NOTES

Son visage est charmant et grave. Barra avait des pensées plus sérieuses qu'on ne les a d'habitude à son âge. Il ne s'était pas engagé par un coup de tête ou pour avoir un brillant uniforme, mais par dévouement à la patrie et aux idées de la Révolution.

Lorsqu'il écrit, tendre, à sa bonne mère... La Convention nationale, en rendant hommage à l'héroïsme de Barra, loua aussi sa piété filiale. Il envoyait à sa mère l'argent de sa solde.

Il a des sanglots plein le cœur. C'était tout de même un enfant. A certaines heures, le soir surtout, il devait se sentir bien loin de sa mère. Il devait se dire avec tristesse : « La reverrai-je ? » Le véritable héros n'est pas un homme au cœur dur, et qui se plaît à verser le sang. Il combat lorsqu'il le faut ; mais il est bon, humain, généreux. Il est prêt à se dévouer au salut de tous, et c'est son dévouement qui fait de lui le plus brave des hommes.

C'étaient, malgré tout, des vaillants. Soyons justes envers tous, même envers nos ennemis.

Tes chevaux !... Non... Rends-les !... Non. Les Vendéens parlent avec fureur ; Barra, avec une ferme énergie.

Ces fanatiques. Un fanatique est celui qui voudrait faire triompher ses croyances ou ses opinions, bonnes ou mauvaises, par tous les moyens, fût-ce les plus violents, fût-ce les plus criminels.

Devant sa faiblesse ont tremblé... Pourquoi donc tremblent-ils devant la faiblesse de Barra ? Parce qu'elle leur inspire un sentiment de pitié pour lui, de honte pour eux-mêmes. Ils n'osent pas le frapper.

J'ai trop pitié de toi... Le sauvage paysan, ne voulant pas montrer son émotion, parle à l'enfant d'une voix rude et dédaigneuse. Il ne soupçonne pas tout ce qu'il y a de vaillance dans le petit cœur de Barra.

Il pensa bien vite à sa mère. Pendant une seconde il hésite. S'il crie : Vive le roi ! il est sauvé ; il épargne à sa mère un affreux chagrin. Serait-ce donc une grande faute de crier : Vive le roi ? « Oui, se dit l'enfant : car ce serait parler contre mon cœur, ce serait renier lâchement la République. »

Candides et si doux. Faites la liaison, sans quoi le vers semblerait n'avoir que onze syllabes, au lieu de douze.

Le premier sens du mot *candide* est « blanc ». Il signifie : pur et innocent, parce que la couleur blanche est l'image d'une pureté parfaite.

Des jours pleins de clarté : pleins de joie et de gloire. L'avenir souriait à Barra ; le clair matin de sa vie annonçait une journée splendide.

La divine Liberté... Nous appelons divin ce qu'il y a de plus beau dans le monde et de meilleur dans l'homme. Parfois, devant le ciel étoilé, nous nous écrions : « Cette nuit est d'une beauté divine ! » Ou bien, en voyant une jeune femme sourire à son petit enfant, nous pensons : « Une divine bonté brille dans les yeux de cette mère. »

Le mot divin est dérivé du mot Dieu, parce que Dieu est considéré comme la source de tout ce qui est bon et beau. Il est vrai que sur la façon dont on peut concevoir Dieu, sur son existence même, les hommes les plus sincères et les meilleurs sont souvent en désaccord. Mais, si nous ne connaissons pas bien la source des choses bonnes et belles, nous savons qu'elles existent et qu'elles font tout le prix de la vie.

La liberté est une de ces choses divines. Gardons-la précieusement, et soyons prêts à mourir pour elle, s'il le fallait, à l'exemple d'un héroïque enfant.

TABLE DES MATIÈRES

Tours, imprimerie Deslis Frères, 6, rue Gambetta.

www.ingramcontent.com/pod-product-compliance
Ingram Content Group UK Ltd.
Pitfield, Milton Keynes, MK11 3LW, UK
UKHW021210220726
13924UKWH00003B/1451

9 782019 240608